S0-BBD-290

76 44 4

La metáfora y la metonimia

Michel Le Guern

La metáfora
y la metonimia

EDICIONES CÁTEDRA, S. A. Madrid

Título original:
«Sémantique de la métaphore
et de la métonymie»

Traducción de:
Augusto de Gálvez-Cañero y Pidal

© Librairie Larousse, 1973
Ediciones Cátedra, 1976
Cid, 4. Madrid-1
Depósito legal: M. 3.118 - 1976
ISBN: 84-376-0058-8
Printed in Spain
Impreso en Velograf, Tracia, 17. Madrid-17
Papel: Torras Hostench, S. A.

Introducción

En un principio, este trabajo debía limitarse a la metáfora e incluso, más exactamente, en realidad era sólo un estudio de la misma, ya que alcanzó en el otoño de 1970 una forma que yo consideré como definitiva. Para permitir al lector que pueda conocer mejor el tipo de análisis que me ha llevado a esbozar la teoría que aquí expongo, quizá no sea inútil reproducir el prólogo de la primitiva versión.

* * *

Podrá decirse que es éste un libro más de los que son producto de una moda. Entre las preocupaciones de quienes se interesan por los problemas del lenguaje, el retorno a la retórica suscita un verdadero apasionamiento y puede ocurrir que la metáfora, reina de las figuras poéticas, se convierta en el tema principal de conversación de cenáculos y salones...

En realidad, este estudio tiene raíces más antiguas: en un pasado aún reciente en el que no había interés por la retórica o en que únicamente se hablaba de ella para tomarla a broma. Entonces se prescindía fácilmente de los instrumentos de trabajo que proporciona al crítico y al estilista, o, al menos, se pensaba poder prescindir de ellos. Cuando emprendí el estudio sistemático de *La imagen en la obra de Pascal*, para mi tesis del Doctorado de Letras, me encontré en la situación del artesano privado de las más necesarias herramientas: nadie me facilitaba unas distinciones entre comparación, metáfora y símbolo, que pudiesen aplicarse cómodamente a los textos; el mejor análisis de estos mecanismos, el *Estudio sobre la metáfora* de Hedwig Konrad, no resistía a la confrontación con los hechos que yo tenía que explicar y, en definitiva, no me servía de ninguna ayuda. Desde entonces prometí consagrar el primer tiempo libre de que dispusiese a la fabricación de instrumentos adecuados para el análisis estilístico. Entretanto, me veía obligado a servirme de medios de fortuna que suponían una grosera aproximación de la teoría que hoy presento aquí. Esta teoría nació, pues, de una necesidad y de un largo contacto cuotidiano con los hechos que intenta explicar.

El estudio estilístico de la metáfora y de los hechos que se relacionan más o menos con ella no puede concebirse sin el análisis de la semántica, pero los principales trabajos que en el curso de estos últimos años han renovado esta rama de la lingüística dejaban de lado el proceso metafórico. Así pues, el estilista ha debido hacerse semantista: esta orientación ha resultado ser más fecunda de lo que yo creía, y, sin haber pensado en ello en un principio, he llegado a una teoría semántica que da cuenta de algunos hechos que han sido desatendidos hasta hoy.

Este instrumento de trabajo, destinado en un principio a los estilistas y a los críticos literarios, podría ser útil a los semantistas. Desde luego, la descripción no es completa, pero abre unas perspectivas que podrían ser provechosas a una semántica estructural.

* * *

Este estudio, demasiado extenso para ser publicado en una revista, era, sin embargo, de dimensiones demasiado reducidas para la colección que hoy le acoge. Claro que era posible dar mayor amplitud al análisis de algunos problemas que son abordados demasiado rápidamente, pero la propia temática imponía otra dirección.

Mi punto de partida había sido la observación de los hechos lingüísticos a los que se daba el nombre de metáforas, pero sin que esta observación haya sido orientada, o limitada —como se prefiera—, por alguna teoría, retórica, gramatical o lingüística. Esta descripción del mecanismo metafórico ha sido construida únicamente a partir de los hechos. Al final, y solamente al final, he constatado que coincidía con las consideraciones de Roman Jakobson sobre la metáfora y la actividad de selección del lenguaje. Desde ese momento, mi estudio de la metáfora aparecía como el tablero de un díptico y se hacía necesario dotarle de otro, formado por un estudio de la metonimia. R. Jakobson ha demostrado la complementariedad de los mecanismos y, realmente, su confrontación es con frecuencia esclarecedora.

El análisis de la metáfora era el resultado de quince años de investigación y no era cosa de consagrar otro tanto a la metonimia. Tenía, pues, que escoger un procedimiento distinto y opté por el camino inverso. Puesto que la observación directa de los hechos metafóricos me había hecho evidentes la pertinencia y la solidez de la teoría de R. Jakobson, establecí, de la misma forma en que se sienta un postulado, que yo consideraría justa la parte de esta teoría que concierne a la metonimia hasta que los hechos no demostrasen lo contrario. La confrontación sistemática de la teoría con los hechos y con las afirmaciones de los distintos representantes de la retórica tradicional ha confirmado básicamente los resultados de Jakobson y me ha permitido, al menos así me lo parece, aclarar algunos elementos oscuros.

Así, este estudio, que en un principio sólo se proponía proporcionar una herramienta al análisis estilístico, se ha convertido en el esbozo de una teoría semántica que pretende ser una especie de prolongación de los trabajos de Frege, de Jakobson e incluso de Pottier y de Greimas, ya que, en su último capítulo, propone a la semántica componencial un nuevo procedimiento heurístico.

* * *

Hubiera parecido cómodo yuxtaponer una monografía sobre la metonimia a una monografía sobre la metáfora, pero nos ha parecido preferible un procedimiento un poco más complejo.

Después de un análisis contrastivo de los procesos semánticos de la metáfora y de la metonimia, era necesario, por una parte, examinar la teoría paradójica de Jakobson que liga los hechos metonímicos a la actividad de combinación. Por otra parte, las dificultades provocadas por la categoría tradicional de la sinécdoque exigían un examen crítico de este concepto clásico de la retórica.

Una vez establecida la delimitación de los hechos relacionados con el proceso metonímico, y después de un análisis de este proceso, era conveniente precisar la naturaleza de la metáfora, intentando determinar lo que la distingue de los otros hechos lingüísticos que, como ella, se desprenden de la realización de una relación de similaridad: el símbolo y la sinestesia, así como la comparación.

Metáfora y metonimia constituyen desvíos bastante sensibles con respecto a la denominación normal como para que se plantee el problema de sus motivaciones. En este sentido, los resultados obtenidos sirven de punto de partida para una reflexión sobre el papel de los dos procesos semánticos en la historia de la lengua y a algunas sugerencias prácticas para su estudio estilístico.

Esperamos que el lector no verá una dispersión demasiado grande en esta variedad de los puntos de vista sucesivos, sino más bien algunas ilustraciones complementarias. Y si a veces tiene la impresión de que tal investigación se para a mitad de camino, que vea en ello una invitación a avanzar más aún...

* * *

Permítaseme expresar aquí mi agradecimiento a quienes este libro debe más. Gérald Antoine volverá quizá a encontrar aquí el eco de su enseñanza y de sus consejos. La ampliación del antiguo proyecto debe, sin duda, gran parte de su coherencia a las atinadas observaciones de Yves Boisseau. La puesta a punto definitiva ha sacado provecho de las sugerencias de René Plantier, Jean-Pierre Davoine, Catherine Kerbrat, Norbert Dupont, Sylviane Rémi, Alain Berrendonner y de todos los Profesores Ayudantes del Departamento de Lengua Francesa Moderna de la Universidad de Lyon II, que han utilizado ya estas reflexiones en sus clases. Si este libro está dedicado a mis hijas Véronique y Nathalie, es porque les debe algunos ejemplos y, sobre todo, porque sus reacciones a cierto número de los hechos estudiados me han permitido mejorar el análisis. El interés que han mostrado por estos temas, que pudieran considerarse demasiado áridos para los niños, me hace esperar que estas consideraciones no serán totalmente inutilizables en la enseñanza de la lengua y, en especial, del vocabulario.

I

METÁFORA, METONIMIA y SINÉCDOQUE

La retórica tradicional clasificaba a la metáfora entre los tropos, que, según la definición de DuMarsais [1], eran «figuras por medio de las cuales se hace que una palabra tome un significado que no es propiamente el significado preciso de esa palabra». Los tropos o, si se prefiere, usos figurados, pueden reducirse en su mayoría a dos grandes categorías: la metáfora y la metonimia. Las definiciones de la metáfora no faltan. Retengamos aquí la de DuMarsais [2]:

> La metáfora es una figura por medio de la cual se transporta, por así decir, el significado propio de una palabra a otro significado que solamente le conviene en virtud de una comparación que reside en la mente.

En cambio, los autores de tratados de retórica no proponían una verdadera definición para la metonimia [3]; se

---

[1] DuMarsais, *Traité des tropes*, I, 4. [*Tratado de los tropos*, traducción de José Miguel Aléa (2 vols.), Madrid, Aznar, 1800, pág. 22. N. del T.]

[2] *Ibíd.*, II, 10. Esta definición de DuMarsais está tomada básicamente de la obra del jesuita Dominique de Colonia, *De arte rhetorica libri quinque*, aparecida en Lyon en 1704 y reeditada muchas veces en el curso de la primera mitad del siglo XVIII: «Metaphora, seu translatio est tropus, quo vox aliqua, a propria significatione ad alienam transfertur, ob similitudinem» (1, I, capítulo IV, § 2). Por cierto que DuMarsais menciona al P. de Colonia en la continuación de su capítulo sobre la metáfora.

[3] La única excepción notable es la definición propuesta por Fontanier (*Les Figures du discours*, pág. 79): las metonimias «consisten en la designación de un objeto por el nombre de otro objeto que forma como él un todo absolutamente aparte, pero que le debe, o a quien él debe, más o menos, o por su existencia o por su manera de ser». No obstante, podemos observar que, aparte su falta de claridad, presenta el inconveniente de no referirse a todas las categorías de metonimias.

contentaron con establecer catálogos de hechos cuyo parentesco apreciaron pero sin llegar a dar una formulación satisfactoria a lo que tienen en común y que no se encuentra en los otros tropos. El artículo «metonimia» del *Dictionnaire* de Littré es fiel reflejo de esta actitud general:

> Metonimia, s. f. Término de retórica. Figura por medio de la cual se coloca una palabra en lugar de otra cuyo significado da a entender. En este sentido general la metonimia sería un nombre común a todos los tropos; pero se la reduce a los siguientes: 1.º la causa por el efecto; 2.º el efecto por la causa; 3.º el continente por el contenido; 4.º el nombre de lugar o la cosa se hace por la propia cosa; 5.º el signo por la cosa significada; 6.º el nombre abstracto por el concreto; 7.º las partes del cuerpo consideradas como albergue de los sentimientos o de las pasiones, por esas pasiones y esos sentimientos, y 8.º el apellido del dueño de la casa por la propia casa; el antecedente por el consecuente.

Esta catalogación recoge la de DuMarsais [4], con la diferencia de que la última categoría, la que hace intervenir «el antecedente por el consecuente», recibía en el tratado de los tropos un nombre particular, el de *metalepsis*.

Se une a menudo la «sinécdoque» a la metonimia, como hace DuMarsais, quien tiene, sin embargo, el mérito de establecer claramente las diferencias entre las dos figuras [5]:

> La sinécdoque es, pues, una especie de metonimia, por medio de la cual se da un significado particular a una palabra que, en sentido propio, tiene un significado más general; o, al contrario, se da un significado general a una palabra que, en sentido propio, sólo tiene un significado particular. En una palabra: en la metonimia yo tomo un nombre por otro, mientras que en la sinécdoque tomo el *más* por el *menos* o el *menos* por el *más* [6].

---

[4] *Traité des tropes*, II, 2. [*Tratado de los tropos*, págs. 112-145, N. del T.]

[5] *Ibíd.*, II. [Ed. española, pág. 159. N. del T.]

[6] Al final de su capítulo sobre la sinécdoque (II, 4), DuMarsais vuelve sobre esta distinción, que profundiza hasta el punto de llegar casi a una definición de la metonimia: «como es fácil confundir esta figura con la metonimia, creo que no será inútil observar lo que distingue a la sinécdoque de la metonimia; y es: 1.º, que la sinécdoque hace comprender el *más* por una palabra que, en sentido propio, significa el *menos*, o, al contrario, hace comprender el *menos* por una palabra que en sentido propio indica el *más*, y 2.º, en una y otra figuras hay una relación entre el objeto del que se quiere hablar y aquel del que se ha tomado prestado el nombre;

La retórica tradicional sugiere, pues, una clasificación que opondría a la metáfora el grupo formado por la metonimia, la metalepsis y la sinécdoque. En realidad, esta clasificación ha sido admitida generalmente hasta la publicación de una *Rhétorique générale*[7], por Jacques Dubois, Francis Edeline, Jean-Marie Klikenberg, Philippe Minguet, François Pire y Hadelin Trinon, que pone todo esto en entredicho. Para estos autores, «la metáfora se presenta como el producto de dos sinécdoques[8]». Un ejemplo permitirá que se comprenda mejor su manera de analizar este mecanismo: si un «abedul» es transformado metafóricamente en una «jovencita» se habrá llegado a la metáfora por medio de una sinécdoque generalizadora que haga pasar de «abedul» a «frágil» y, después, por una sinécdoque particularizadora que reemplace «frágil» por «jovencita». El hecho de relacionar así la metáfora y la sinécdoque crea una oposición muy clara entre ésta y la metonimia, que, a su vez, se definirá, al menos parcialmente, como un cambio de sentido no percibido como sinecdótico ni como metafórico. La oposición binaria establecida tradicionalmente entre el grupo metonimia-sinécdoque y la metáfora queda así reemplazada por una oposición entre tres elementos. Este sistema da, incluso, la impresión de que la distancia entre metáfora y sinécdoque es menor que la distancia entre sinécdoque y metonimia.

Esta teoría, que seduce por su ingeniosidad, presenta, sin embargo, un grave inconveniente: no parece compatible con los resultados obtenidos por Roman Jakobson en la observación clínica de los casos de afasia[9]. En efecto, sin establecer diferencia entre la sinécdoque y la metonimia, Jakobson proporciona una base científica a la oposición entre metonimia y metáfora[10]:

> Toda forma de trastorno afásico consiste en alguna alteración, más o menos grave, de la facultad de selección y sus-

---

pues si no hubiese ninguna relación entre estos objetos no habría ninguna idea accesoria y, por consiguiente, no habría tropo».

[7] París, Larousse, 1970, 206 págs.

[8] Pág. 108.

[9] Roman Jakobson, «Deux aspects du langage et deux types d'aphasies» en *Essais de linguistique générale*, París, Minuit, 1963, páginas 43-67. [Traducción de Carlos Piera: *Fundamentos del lenguaje*, parte II: «Dos aspectos del lenguaje y dos tipos de trastornos afásicos». Madrid, 2.ª ed., Ayuso, 1973, pág. 133. *N. del T.*]

[10] *Ibíd.*, pág. 61.

titución o de la de combinación y contextura. La primera afección produce un deterioro de las operaciones metalingüísticas, mientras que la segunda altera la capacidad de mantener la jerarquía de las unidades lingüísticas. La primera suprime la relación de similaridad y la segunda la de contigüidad. La metáfora resulta imposible en la alteración de la similaridad y la metonimia, en la alteración de la contigüidad.

En el mismo estudio [11], Jakobson considera la contigüidad como una relación externa y la similaridad como una relación interna; de esta forma, ofrece la posibilidad de establecer una teoría lingüística de la metáfora y de la metonimia, que podría permitir la reconstrucción de una semántica a la vez coherente y manejable.

El sentido de un sustantivo, no considerado como lexema [12] sino como semema [13], podrá analizarse según los dos tipos de relaciones establecidos por Jakobson. El semema presenta una relación externa con el objeto a cuya designación contribuye. Se podría considerar a este objeto como la realidad designada; sin embargo, es preferible hacer intervenir en el análisis de este proceso solamente la representación mental del objeto material en tanto en cuanto éste sea percibido; así, la palabra «mesa» está en relación con la representación mental de una mesa. Para distinguirla mejor, daremos a esta relación externa el nombre de relación referencial, o, simplemente, el de *referencia* [14]. Por otra parte, el semema presenta una relación interna entre los elementos de significación, o semas, que le constituyen. Colocando esta distinción en el contexto del análisis de Jakobson, podemos esperar que el proceso metafórico

---

[11] Pág. 55.

[12] «El lexema es el punto de manifestación y encuentro de semas que proceden a menudo de categorías y de sistemas sémicos diferentes y que mantienen entre sí relaciones jerárquicas, es decir, hipotácticas» (A. J. Greimas, *Sémantique structurale*, París, Larousse, 1966, pág. 38) [*Semántica estructural*, versión de Alfredo de la Fuente, Madrid, Gredos, 1973, pág. 57. *N. del T.*]

[13] Puede esquematizarse la definición de Greimas diciendo que el semema es la manifestación del lexema en un contexto dado.

[14] Esta relación corresponde muy exactamente a lo que Jakobson llama la función referencial del lenguaje, es decir, su función denotativa y cognoscitiva (véase «Linguistique et poétique», en *Essais de linguistique générale*, pág. 214). [«La lingüística y la poética», traducción de Ana María Gutiérrez Cabello, en *Estilo del lenguaje*, Madrid, Cátedra, 1974, pág. 131. *N. del T.*]

concierna a la organización sémica, mientras que el proceso metonímico sólo modificaría a la relación referencial. Por ejemplo, si yo invito al lector a releer a Jakobson esto no supone por mi parte una modificación interna del sentido de la palabra «Jakobson». La metonimia que me hace emplear el nombre del autor para designar una obra opera sobre un deslizamiento de referencia; no se modifica la organización sémica, pero la referencia queda desplazada del autor al libro. Cuando Zola escribe: «Grandes voces se querellaban en los pasillos»[15], la palabra «voz» no cambia de contenido sémico; la utilización de la palabra «voz» para designar a personas que están hablando sólo produce una modificación de la referencia. La relación que existe entre las voces y las personas que hablan, lo mismo que la relación entre Jakobson y su libro, se sitúa fuera del hecho propiamente lingüístico: se apoya en una relación lógica o en un aspecto de la experiencia que no modifica la estructura interna del lenguaje.

Podríamos preguntarnos si este análisis se aplica a la sinécdoque, o, al menos, a la de la parte por el todo o del todo por la parte. El mismo texto de Zola proporciona un ejemplo de esto fácil de estudiar:

«Aquello era un lío, una maraña de cabezas y de brazos que se agitaban, unos se sentaban y trataban de acomodarse, otros se obstinaban en quedarse de pie para echar un último vistazo.»

Estas «cabezas» y estos «brazos», como indica el texto a continuación, designan a personas enteras. La palabra que normalmente significa la parte es utilizada para designar el todo: este es, pues, un caso típico de sinécdoque. La constitución sémica de las palabras «brazos» y «cabezas» no se altera; el deslizamiento de la referencia queda puesto de manifiesto por el contexto.

En la metáfora pasa algo diferente. La relación entre el término metafórico y el objeto que él designa habitualmente queda destruida. Cuando Pascal escribe: «El nudo de nuestra condición forma sus pliegues y vueltas en este abismo[16], la palabra «nudo» no designa un nudo, las palabras «plie-

---

[15] *Nana*, en *Les Rougon-Macquart*, París, Gallimard, La Pléïade, tomo II, pág. 1104. [Traducción de J. P. Fúster, Barcelona, Petronio, 1973, pág. 16. *N. del T.*]
[16] *Pensées*, 131. [*Pensamientos sobre la verdad de la religión cristiana*, traducción de Juan Domínguez Berrueta, Madrid, Aguilar.

gues» y «vueltas» no designan a los pliegues y a las vueltas y la palabra «abismo» no designa a un abismo. Si quisiéramos reducir esta frase a la única información lógica que lleva en sí obtendríamos: «La complejidad de nuestra condición tiene sus elementos constitutivos en este misterio.» La palabra «abismo» no designa la representación mental de un abismo, de donde se pasaría al concepto del misterio: designa directamente al misterio por medio de aquellos de sus elementos de significación que no son incompatibles con el contexto. Mientras que el mecanismo de la metonimia se explicaba por un deslizamiento de la referencia, el de la metáfora se explica a nivel de la comunicación lógica por la supresión, o, más exactamente, por la puesta entre paréntesis de una parte de los semas constitutivos del lexema empleado.

En la sinécdoque de la parte por el todo o del todo por la parte, ya hemos visto que el proceso es el mismo que en el caso de la metonimia. Los otros casos de sinécdoque presentan problemas particulares, que nos proponemos examinar en otro capítulo [17].

Si se examinan los dos mecanismos, el de la metonimia y el de la metáfora, no ya desde el punto de vista de la producción del mensaje por quien habla o escribe, sino desde el punto de vista de la interpretación de dicho mensaje por el lector o el oyente, se aprecia una diferencia muy marcada. La palabra «cabeza», empleada para designar a la persona en su totalidad, puede ser interpretada en primer lugar, en su sentido propio: de la palabra «cabeza» a la representación de la persona, se pasará por la fase intermediaria de la representación de la cabeza. Si se utiliza la palabra «voz» para designar a gente que habla, se pasará por el intermediario de la representación mental de las voces. La interpretación de la palabra por su sentido propio no es realmente incompatible con el contexto: todo lo más, se la entiende como una aproximación que necesita ser corregida un poco. Utilizando la terminología de Greimas, puede decirse que el lexema que forma metonimia o sinécdoque no es sentido como extraño a la isotopía, salvo en

---

[17] El carácter heterogéneo de los hechos agrupados en la categoría de la sinécdoque ha sido visto por los autores de la *Rhétorique générale,* pero un análisis demasiado superficial del proceso metonímico no les ha permitido llegar a las conclusiones que se imponen.

casos particulares muy raros [18]. Al contrario, la metáfora, a condición de que sea viviente y produzca imagen, aparece inmediatamente como extraña a la isotopía del texto en el que está inserta. La interpretación de la metáfora es posible gracias únicamente a la exclusión del sentido propio, cuya incompatibilidad con el contexto orienta al lector o al oyente hacia el proceso particular de la abstracción metafórica: la incompatibilidad semántica juega el papel de una señal que invita al destinatario a seleccionar entre los elementos de significación constitutivos del lexema a aquellos que no son incompatibles con el contexto. Esta intervención de la incompatibilidad semántica es lo que permite explicar el efecto cómico o ridículo producido por algunas metáforas. Así, Voltaire, en el último capítulo de *Micromégas*, hace decir al discípulo de Leibnitz: «Mi alma es el espejo del universo y mi cuerpo es el marco del espejo.» La primera metáfora, tomada aisladamente, no tiene nada de ridícula: «mi alma es el espejo del universo» se comprende fácilmente gracias a la posibilidad que tenemos de eliminar el elemento de significación «objeto material» contenido en el lexema *espejo*. La segunda metáfora produce un efecto cómico porque puede comprenderse únicamente si a la palabra «espejo» se le devuelve el sema eliminado en la primera a causa de su incompatibilidad con el texto. Toda la comicidad de la frase proviene de que el encadenamiento aparentemente lógico de las dos metáforas no es conciliable con la lógica del proceso metafórico. Es producido por el funcionamiento del propio lenguaje, ya que la naturaleza de las realidades designadas no tiene nada que pueda suscitar la risa o la sonrisa [19]. Así pues, el mecanismo de la metáfora se opone netamente al de la metonimia, debido a que opera sobre la sustancia misma del lenguaje en vez de incidir únicamente sobre la relación entre el lenguaje y la realidad expresada.

* * *

---

[18] Véase A. J. Greimas, *op. cit.*, págs. 69-72. [Traducción citada: páginas 105-109.] Podemos definir someramente la isotopía como la homogeneidad semántica de un enunciado o de una parte de un enunciado.

[19] Este efecto está subrayado en Voltaire por una acumulación de metáforas, pero esta acumulación no explica por sí sola lo divertido del texto. [*Zadig y Micromegas*, traducción del abate J. Marchena, Barcelona, Fontamara, 1974, pág. 202. *N. del T.*]

Este primer análisis intenta explicar únicamente las metáforas y las metonimias que inciden sobre un sustantivo. Es, pues, necesario preguntarse en qué medida pueden aplicarse estos resultados a los verbos y a los adjetivos.

Cuando el personaje de una tragedia clásica dice: «yo tiemblo», para expresar que tiene miedo, se sirve de la metonimia del efecto por la causa. Incluso si no tiembla realmente, no hay incompatibilidad en el funcionamiento del lenguaje entre el «yo» que designa una persona y el verbo «temblar»; lo que obliga a interpretar la expresión como una figura es la relación con la realidad descrita: puesto que el personaje dice «yo tiemblo» cuando en realidad no tiembla, hay que entender que lo que hace es expresar un sentimiento de miedo o de temor. La metonimia queda caracterizada por un distanciamiento con respecto a la relación normal entre el lenguaje y la realidad extralingüística, o, si se prefiere, podemos decir que ella incide sobre la referencia.

El problema del empleo metafórico del verbo es más complejo. Podemos excluir el caso en que el verbo forma con un sustantivo una sola y misma metáfora. Así, en el pasaje de Voltaire [20]: «La familiaridad de Astarté, sus tiernas declaraciones (...) encendieron en el corazón de Zadig un fuego que le asombró»; «encendieron» no constituye una metáfora distinta: no hay incompatibilidad lógica entre «encendieron» y el contexto, pero sí entre «encendieron» (...) «un fuego» y el resto de la frase; el verbo sirve aquí para atenuar el carácter brusco de la ruptura lógica producida por la metáfora del fuego [21]. Por lo mismo, el adjetivo que forma con el sustantivo al que caracteriza una sola y misma metáfora puede servir para atenuar lo que pudiera haber de excesivamente audaz o de difícilmente aceptable en la metáfora del sustantivo empleado solo. Así, Boris Vian, en L'Arrache-coeur, habla de «la tempestad sonora de

---

[20] *Zadig*, en *Romans et Contes*, pág. 23. [Traducción citada, página 47.]

[21] En realidad, en este ejemplo esta atenuación está ampliamente compensada por el hecho de que «encendieron» rejuvenece y reaviva la gastada metáfora del «fuego». El papel del verbo en la atenuación de la ruptura lógica producida por una metáfora aparece con mayor claridad en el caso de una metáfora original. Cuando Boris Vian describe en *L'Arrache-coeur*: «Una nube rápidamente deshilachada por la carda azul del cielo», la palabra «deshilachada» reduce el efecto de sorpresa producido por la metáfora de la «carda», que sin ello sería, sin duda, inadmisible.

la voz del cura». La metáfora «la tempestad de la voz del cura» podría ser interpretada por el lector sin error posible, puesto que se trata de una metáfora *in praesentia*, pero la precisión aportada por «sonora» indica el sentido en que debe orientarse el proceso de la selección sémica introduciendo al mismo tiempo entre «tempestad» y «voz» un elemento intermediario que hace menos abrupto el cambio de isotopía.

Por el contrario, cuando la metáfora incide únicamente sobre el verbo, podemos constatar una incompatibilidad semántica entre el verbo y su sujeto o entre el verbo y su complemento; esta incompatibilidad, sin la que no habría metáfora, es la que Pascal analiza así [22]:

> Casi todos los filósofos confunden las ideas de las cosas y hablan de las cosas corporales espiritualmente y de las espirituales corporalmente; pues dicen audazmente que los cuerpos tienden hacia abajo, que aspiran a su centro, que huyen de su destrucción, que tienen miedo del vacío, que tienen inclinaciones, simpatías y antipatías, que son cosas que solamente pertenecen a los espíritus. Y hablando de los espíritus los consideran como en un lugar y les atribuyen la facultad de moverse de un sitio a otro, cosas que sólo pertenecen a los cuerpos.

Esta incompatibilidad produce, en el plano de la comunicación lógica, la amputación de los elementos de significación incompatibles con el contexto; pero, a diferencia de la metáfora, que incide sobre un sustantivo, esta puesta entre paréntesis no se ejerce únicamente sobre los elementos de significación del verbo metáfora. Así, en «la naturaleza aborrece el vacío», la utilización metafórica del verbo «aborrecer» obliga a abandonar en el sentido de la palabra «naturaleza» el valor de realidad inanimada por oposición a los seres animados y capaces de sentimiento. Cuando Fígaro canta: «El vino y la pereza se disputan mi corazón», ocurre lo mismo; la metáfora produce en cierta manera la personificación del «vino» y de la «pereza». Consideremos la frase: «ellos siembran la discordia»; el cambio de significación se produce sobre el complemento; el verbo «sembrar» exige un complemento de significación material; deberemos, pues, poner entre paréntesis el hecho de que la «discordia» no es un objeto material, con el fin de restablecer

<hr>

[22] *Pensées*, «Disproportion de l'homme». [Traducción citada, página 63.]

la coherencia lógica del enunciado. La metáfora-verbo exige, que, en la información contenida por el mensaje, sean suprimidos algunos elementos de significación del sujeto o del complemento. Con relación a la metáfora-sustantivo, su carácter específico es, pues, un grado menor de autonomía respecto al contexto.

Puede decirse otro tanto del empleo metafórico del adjetivo, que supone poner entre paréntesis, en el plano de la comunicación lógica, a uno de los elementos de significación del sustantivo que el adjetivo caracteriza. Por motivos de coherencia lógica, hablar de «un muro ciego» obliga a despreciar el carácter de realidad inanimada comprendido en el sentido de la palabra «muro».

El empleo metafórico de un adjetivo o de un verbo hace intervenir la relación que liga este adjetivo o este verbo al sustantivo al que caracteriza; podemos considerar que ésta es una relación de referencia pues corresponde en cierta forma al vínculo que une la entidad lingüística del verbo o del adjetivo con la realidad designada. Es normal, pues, que la oposición metáfora/metonimia sea menos marcada que en el caso del sustantivo.

Si se aceptasen sin discusión algunas categorías de la retórica tradicional, podría afirmarse que el desgaste de la metáfora-verbo o de la metáfora-adjetivo lleva a una especie de sinécdoque.

Decir que un muro es «ciego» supone en principio hacer abstracción de su carácter de realidad inanimada incapaz de ser privada del sentido de la vista que ella no puede poseer. Pero, convirtiéndose la expresión «muro ciego» en habitual y casi lexicalizada, la palabra «muro» tiende a recobrar la totalidad de su significación, en tanto que el sentido de «ciego» se hace más general hasta el punto de expresar la privación de aberturas a través de las cuales sería posible ver, privación de la que la ceguera es sólo un caso particular. Esta ampliación del sentido primitivo corresponde a lo que DuMarsais y Fontanier engloban en la categoría de la sinécdoque de la especie. El hecho de que el funcionamiento semántico del verbo y del adjetivo provoque en cierto modo la actividad de combinación podría llevar a preguntarse si el desgaste de sus utilizaciones metafóricas no podría llevar a una especie de mecanismo metonímico. Pero no es menos cierto que, incluso en estos casos en que interviene la actividad de combinación, la metáfora se caracteriza por la suspensión de elementos de significación, es decir, por un cierto proceso de abstracción que no se encuentra en la metonimia, teniendo en cuenta que el caso de la metonimia de abstracción sólo constituye una excepción aparente, ya que el proceso de abstracción es ahí independiente del mecanismo metonímico propiamente dicho. Sin embargo, la metáfora verbal se opone a la metáfora nominal por el hecho de que los elementos de significación suspendidos a nivel de la denotación no son de igual naturaleza: mientras que la metáfora del sustantivo hace intervenir una suspensión sémica que incide sobre los elementos que Greimas llama «semas nucleares», la metáfora del verbo, así como la del adjetivo, pone en acción lo que podría llamarse una suspensión clasemática, que incide sobre los semas contextuales o clasemas. Apelando a esta perspectiva de semántica combinatoria, puede darse cuenta del contragolpe sufrido por el sustantivo ligado al verbo sobre el que incide la metáfora.

Más que hablar de sinécdoque a propósito de este tipo de deterioro de la metáfora, sería preferible hablar de extensión del sentido o, si se prefiere usar un término de la tradición retórica, de catacresis. En el caso del verbo y del adjetivo, esta extensión del sentido corresponde al abandono de presiones combinatorias, lo que, en la terminología de Greimas, se traduciría en la supresión de clasemas.

La amputación de elementos de significación es menor con la metáfora-verbo o la metáfora-adjetivo que con la metáfora-sustantivo. Pero, por una especie de compensación, la vivacidad de la imagen añadida por sobreimpresión a la información lógica también es menor. Por otra parte, se puede generalizar esta consideración teniendo en cuenta que la fuerza de la imagen asociada introducida por la metáfora es proporcional a la amplitud de la abstracción producida en el plano de la información lógica. Podemos expresar esta correlación diciendo que la potencia de connotación de la metáfora crece a medida que disminuye la precisión de la denotación.

* * *

La multiplicidad de las direcciones en que se orienta actualmente la reflexión sobre la oposición entre denotación y connotación obliga a definir aquí la manera en que estas nociones son consideradas en el presente estudio, ya que esta oposición juega un papel importante en el funcionamiento de la metáfora.

Entendemos aquí por *denotación* al contenido de información lógica del lenguaje. En términos generales, se trata de lo que Jakobson hace depender de la función referencial del lenguaje, pero sólo en términos generales: el imperativo depende de la función conativa, lo que no produce como consecuencia que esté desprovisto de valor denotativo, ya que él denota un orden. Nos parece más satisfactorio considerar como denotación al conjunto de los elementos del lenguaje que eventualmente serían traducibles a otra lengua natural por medio de una máquina de traducir.

Pero el estudio semiológico de un texto no se limita a estos únicos elementos. Se llaman *connotaciones* al conjunto de los sistemas significantes que se pueden descubrir en un texto además de la denotación en sí. La complejidad, mal catalogada todavía, de estos sistemas, hace particularmente delicado el manejo de este concepto de connnotación. A veces ocurre que se tenga la impresión de reagrupar de esta manera algunos hechos totalmente heterogéneos, que lo único que tendrían en común sería el no formar parte de la denotación. Sin embargo, y a pesar de que el término «connotación» sea de uso bastante reciente, la noción en sí no difiere sensiblemente de la de las «ideas accesorias», de la que se servían los retóricos clásicos y la *Lógica* de Port-Royal.

Si se desea establecer una clasificación sumaria de los hechos de connotación, a las connotaciones sociológicas, cuyo tipo más característico es el efecto producido por los espaciamientos de niveles de lengua, se les puede oponer las connotaciones psicológicas, que toman con frecuencia la forma de la imagen asociada. En la primera de estas categorías es donde conviene situar, desde luego, lo que Hjemslev designa por connotación. Por el contrario, la teoría de la connotación presentada por Jean Cohen en su *Structure du langage poétique* concierne, sobre todo, a los hechos que entran en la segunda categoría.

En cada una de las dos categorías pueden oponerse connotación libre y connotación obligada. El caso más típico de connotación libre es el texto poético, del que no es posible dar una interpretación plenamente satisfactoria a nivel de la denotación. Tal tipo de texto presenta en cierta manera algunos agujeros lógicos, que cada lector debe llenar con elementos sacados de su imaginación, de su propia experiencia, de su cultura o de su conocimiento de la personalidad del poeta. Estos elementos forman parte de la connotación, puesto que no están inscritos en la estructura lógica del texto. Puede comprobarse fácilmente que se trata de una connotación libre, poniendo en relación las distintas interpretaciones dadas, todas igualmente legítimas, de un mismo poema, suficientemente oscuro, por críticos igualmente calificados.

La oposición entre connotación libre y connotación obligada tampoco excluye los intermediarios. La explicación de un verso aislado puede dejar al comentador un campo de elección muy grande, que será posiblemente reducido si se intenta explicar el verso en la totalidad del poema y más aún si se tiene en cuenta el conjunto del trabajo. Lo que era connotación libre para el verso separado de su contexto se convertirá a menudo en connotación obligada en un texto más amplio. Como veremos más tarde, la particularidad de la metáfora consiste en unir una denotación marcada por un proceso de selección sémica a una connotación psicológica obligada, incluso en un contexto reducido.

Es imposible llegar a una explicación satisfactoria si no intentamos distinguir aquello que corresponde a la denotación y lo que corresponde a la connotación. La falta de esta distinción es lo que hace que pueda aprovecharse poco esta consideración, por otra parte justa, de Richards:

> Cuando empleamos una metáfora, en la formulación más sencilla, tenemos dos ideas de cosas diferentes que actúan al mismo tiempo y que van contenidas en una sola palabra, y una sola fase, cuya significación es una resultante de su interacción (*The Philosophy of Rhetoric*, 1965, pág. 93).

* * *

Ahí se encuentra el carácter específico de la metáfora: al obligar a abstraer a nivel de la comunicación lógica cierto número de elementos de significación, ella permite poner de relieve los elementos mantenidos; a un nivel distinto del de la pura información, y por medio de la introducción de un término extraño a la isotopía del contexto, provoca la evocación de una imagen asociada que percibe la imaginación y que ejerce su impacto sobre la sensibilidad sin el control de la inteligencia lógica, pues la naturaleza de la imagen introducida por la metáfora le permite escapar a él.

II

METONIMIA Y REFERENCIA

La oposición, de la que Roman Jakobson ha mostrado el carácter fundamental, entre metáfora y metonimia en sentido amplio, obliga a una cuidadosa confrontación entre los dos procesos y, para ello, a volver con más detalle sobre el mecanismo de la metonimia.

A primera vista, hay algo de paradójico en el hecho de relacionar la metonimia con la facultad de combinación. En efecto, como todos los tropos, la metonimia se define por un distanciamiento paradigmático: se trata de la sustitución del término propio por una palabra diferente, sin que por ello la interpretación del texto resulte netamente distinta. Así pues, se trata aquí, aparentemente, de una operación de selección. Nos encontraríamos con una incoherencia si estableciésemos el principio de la independencia relativa de las facultades de selección y de combinación, del eje paradigmático y del eje sintagmático, pero no se trata de esto. El propio Jakobson muestra que las definiciones no son más que la proyección del eje paradigmático sobre el eje sintagmático, no siendo esto más que un caso particular. Según él «la función poética proyecta el principio de equivalencia del eje de la selección sobre el eje de la combinación». Así pues, los dos ejes están naturalmente en una relación de interdependencia, que se manifiesta constantemente en el acto de hablar.

Así, el papel privilegiado de la selección en el proceso metafórico no excluye la actividad de combinación, ya que la metáfora *in praesentia* no es más que la proyección de una relación paradigmática sobre el eje sintagmático.

Con el fin de comprender mejor el conjunto del problema en su complejidad, hay que considerar a la selección y a la combinación en sus relaciones con la función referencial del lenguaje. Por ejemplo en la frase:

El niño come una manzana (1),

pueden considerarse dos variantes:

El niño come un pastel (2)
El niño come una fruta (3).

La relación que existe entre (2) y (1) no es la misma que la que existe entre (3) y (1). Sería, pues, erróneo considerar «una manzana, un pastel, una fruta» como un paradigma en cuyo interior tuviese lugar la actividad de selección. La alternativa es limitada, tanto por la situación concreta a la que hace referencia la proposición como por la significación de los elementos precedentes de la cadena hablada. Si, en la realidad extralingüística, el niño a quien remite el sujeto de la frase come una manzana «reineta», las frases (1) y (3) son posibles, mientras que la frase (2) no lo es, pues se aplicaría a una referencia diferente. La elección entre «un pastel» y «una fruta» no es, pues, una alternativa puramente lingüística; se trata de establecer una combinación entre una entidad lingüística y una realidad extra-lingüística.

El parentesco entre la función referencial y la actividad de combinación sintáctica es puesta de manifiesto por el doble papel que juegan las herramientas gramaticales a las que se da el nombre de referentes: demostrativos, artículos definidos y pronombres personales. Si, en el interior de un enunciado, digo «este libro», el referente «este» puede referirse lo mismo a un elemento anterior de la oración, a otro empleo de la palabra «libro» o a un sinónimo, que a una realidad que no ha sido nombrada hasta el momento y que pertenece al contexto extranlingüístico de la comunicación. En la frase «le he dicho mi manera de pensar», «le» puede ser un anafórico y, en este caso, representa al nombre de la persona de quien se acaba de hablar; puede también referirse a un tercero que asiste al diálogo o que acaba de irse, incluso si no ha sido nombrado hasta ese momento en el enunciado. En este segundo caso la relación de referencia se establece entre un elemento lingüístico y una realidad extralingüística; por el contrario, en el primer caso tenemos la impresión de que la relación de referencia conecta a dos elementos lingüísticos situados en el mismo eje sintagmático, aunque esto ya no es tan evidente. La relación anafórica podría muy bien no ser más que la proyección de una doble ligazón referencial sobre el enunciado:

«le» no remitiría entonces directamente al nombre (elemento lingüístico) de la persona, sino a la persona (realidad extralingüística) puesta ya en relación con otro elemento lingüístico perteneciente al enunciado. Así, queda puesto de manifiesto el carácter ambiguo —quizá habría que calificarlo de bivalente— de la relación referencial; ella hace intervenir a la vez la combinación, interior al lenguaje, que liga a los elementos sobre el eje sintagmático y la correspondencia que se establece entre su elemento de la cadena hablada y una realidad exterior al propio mensaje.

El caso de la metonimia y de la verdadera sinécdoque, es decir la metonimia en sentido amplio, por emplear la terminología de Jakobson, proporciona un magnífico ejemplo de la solidaridad que se establece en el lenguaje entre la relación referencial y la combinación en el eje sintagmático.

La intervención de la actividad referencial en el mecanismo de la metonimia fue ya expresada en 1821 por la definición de Fontanier. En efecto, para él las metonimias «consisten en la designación de un objeto con el nombre de otro objeto que forma como él un todo absolutamente aparte, pero a quien es tributario o de quien es tributario en mayor o menor medida, bien por su existencia o bien por su manera de ser». Así pues, la relación metonímica es una relación entre objetos, es decir, entre realidades extralingüísticas; está basada en una relación existente en la referencia, en el mundo exterior, independientemente de las estructuras lingüísticas que puedan servir a expresarla. En realidad, Fontanier solamente define así a la metonimia en sentido estricto, pero en su definición de la sinécdoque afirma en términos muy similares la existencia de una relación extra-lingüística, puesto que ve «la designación de un objeto por el nombre de otro con quien forma un conjunto, un todo, o físico o metafísico, encontrándose la existencia o la idea de uno comprendida en la existencia o en la idea del otro». La alteración de sentido operada por la figura queda explicada por una alteración de referencia entre dos objetos ligados por una relación extra-lingüística, puesta de manifiesto por una experiencia común que no está unida a la organización semántica de una lengua particular.

Pero si la alteración de referencia puede aparecer como un hecho exterior al funcionamiento del lenguaje, debemos reconocer que la intuición que nos obliga a considerar la metonimia y la sinécdoque como tropos nos impone, por el hecho mismo de ver aquí un cambio lingüístico, una modificación de la cadena hablada, con respecto a lo que hubiera tenido que ser normal. El medio más apropiado para apreciar este fenómeno de cambio y determinar su naturaleza consiste en la comparación entre una secuencia en que aparece la figura con su traducción en un enunciado considerado como equivalente semánticamente, o, al menos, portador de la misma información y cumpliendo la doble condición de que la figura no aparezca en él y que la diferencia formal con la secuencia estudiada sea lo más reducida posible.

Una selección de glosas tomadas a Fontanier nos permitirá desubrir en qué dirección deberá realizarse la investigación, aunque realmente estas glosas no constituyan las transposiciones ideales que acabamos de definir.

> El *jarrón*, la *copa*, el *cáliz*, por el licor contenido en el jarrón, la copa, el cáliz...
> Un *madrás*, un *persa*, un *cachemira*, por un pañuelo, un velo, un paño, una tela, un tejido de Madrás, de Persia, de Cachemira: un Elbeuf, un Sedan, un Louviers, por un paño de Elbeuf, de Sedan, de Louviers...

A primera vista parece que Fontanier obtiene las traducciones en lenguaje no figurado, restableciendo en el interior del texto marcado por la metonimia un elemento que formase elipsis. En su capítulo sobre la sinécdoque podemos encontrar glosas análogas:

> El *oro*, por jarrón de oro; *marfil* y *boj*, por peine de boj o de marfil...
> *Merino*, por paño o traje de lana de merino; como *castor* por sombrero de pelo de castor.

La identidad del procedimiento que permite pasar de la expresión figurada a un equivalente no figurado confirmaría, llegado el caso, el estrecho parentesco entre la metonimia y la verdadera sinécdoque.

Una comparación más precisa entre las expresiones metonímicas y las glosas de Fontanier revela que este fenómeno de cambio lingüístico no puede explicarse de manera totalmente satisfactoria por una pura y simple elipsis. En realidad, los términos añadidos por la glosa combinan dos elementos de naturaleza diferente: por una parte, la expresión de la relación que existe entre las dos realidades de las que una presta a la otra la palabra que sirve para designarla; por otra, ciertos elementos de información dados por el contexto, ya se trate del contexto puramente lingüístico o del contexto en sentido amplio, es decir, el conjunto de los conocimientos comunes al autor del mensaje y a sus destinatarios eventuales. Cuando Fontanier interpreta: «El *oro*, por jarrón de oro», imbrica la relación metonímica mediante la cual se pone «el oro» en lugar de «el objeto de oro», con una información suministrada por el contexto, que nos informa sobre el hecho de que, efectivamente, este objeto es un jarrón. Por otra parte, no puede afirmarse que la confusión entre los dos niveles de interpretación sea constante en Fontanier, porque, por lo menos en una ocasión, en su capítulo sobre la metonimia, propone una explicación que hace intervenir estos dos niveles, por lo menos de manera implícita:

> «Él hace trazar su *pérdida* alrededor de sus murallas» (Voltaire, *La Henriade. Su pérdida,* por la causa de su pérdida, y la causa de su pérdida son los trabajos que se realizan alrededor de sus murallas para forzarlas.

Puesto que se trata de una metonimia del efecto por la causa, la primera glosa expresa solamente la relación metonímica, mientras que la segunda es una interpretación en función del contexto. El hecho de insertar «la causa de» delante de «su pérdida» no modifica en nada el contenido informativo del mensaje; solamente hay aquí la explicitación de la relación metonímica que importaba captar, al menos implícitamente, para percibir la relación que une al enunciado con la realidad referencial.

En la medida en que es posible traducir la metonimia por un equivalente que suprima la figura añadiendo al enunciado únicamente la formulación explícita de la relación que cimenta la alteración de referencia, nada se opone ya a que sea interpretada como una elipsis. Volviendo a la clasificación tradicional de los diferentes tipos de metonimias, podemos constatar que a cada categoría corresponde la elipsis de un término, particular a esta categoría pero común a todos los casos que se consideran:

1.º La causa por el efecto: elipsis de «el efecto de». En el caso, particularmente frecuente en la literatura clásica francesa, del empleo metonímico del plural de un sustantivo abstracto, se hace elipsis de «efectos de», al plural. El sustantivo metonímico conserva naturalmente su género, pero toma el nombre del elemento del que se hace elipsis. Así, «las bondades» es el equivalente metonímico de «los efectos de la bondad».

2.º El efecto por la causa: elipsis de «la causa de». El verso de *La Henriade* de Voltaire, citado por Fontanier, proporciona un excelente ejemplo.

3.º El continente por el contenido: elipsis de «el contenido de». Así, «beber un vaso» es el equivalente de «beber el contenido de un vaso».

4.º El nombre del lugar en que la cosa se hace, por la propia cosa: elipsis de «producto fabricado en». «Un Sèvres» es un producto fabricado en Sèvres; «un roquefort» es un producto fabricado en Roquefort. Es el único conocimiento de la realidad referencial que permite saber que se trata de una porcelana o de un queso.

5.º El signo por la cosa significada: elipsis de «la realidad simbolizada por». Si «la bandera» puede ser empleada por metonimia por «la patria» es porque entonces se trata del equivalente de «la realidad simbolizada por la bandera».

Se podría completar la lista fácilmente. Así, todas las categorías de la metonimia, en sentido estricto, corresponden a la elipsis de la expresión de la relación que caracteriza cada categoría. Realmente, esto solamente establece la posibilidad de un parentesco muy estrecho entre la metonimia y la elipsis, sin probar su existencia. No obstante, esta hipótesis, a la que nada se opone en el plano teórico, recibe un principio de prueba si se quiere observar la manera en que los hablantes no predipuestos a favor de tal o cuál concepción teórica explican espontáneamente las metonimias: a menudo, como modificación al enunciado propuesto, sólo aportan la inserción de un elemento cuya elipsis produjese la metonimia.

Puesto que la metonimia se explica por una elipsis, es evidente que su mecanismo opera sobre la disposición del relato en el sentido del eje sintagmático. Pero este análisis es válido únicamente para la metonimia propiamente dicha; las dificultades que se encuentran para aplicar esta explicación por elipsis a la sinécdoque de la parte serían suficientes para justificar la distinción tradicional que se establece entre metonimia y sinécdoque. No es que sea imposible interpretar la sinécdoque por una elipsis, sino que habría que hacer intervenir una elipsis más compleja. Así, para la sinécdoque de la parte, la más frecuente en los textos, habría que suplir: «el conjunto del que... es parte». Pero esto produce un enunciado algo extraño y es evidente que el hablante normal no pensaría en recurrir raramente a tal perífrasis para glosar una expresión sinecdótica. La sinécdoque aparece más claramente como una modificación de la relación entre la palabra y la cosa que como una modificación aportada a la ilación de las palabras entre sí.

No conviene, sin embargo, conceder demasiada importancia a esta diferencia entre metonimia y sinécdoque: más que de una diferencia de naturaleza se trata de una diferencia de grado: en los dos casos se produce una modificación que interviene sobre el eje sintagmático provocando a la vez un traslado de referencia. En efecto, al percibir el oyente o el lector una anomalía en la relación referencial, detecta al mismo tiempo la presencia de una metonimia que puede interpretar como una formulación elíptica. «Beber un vaso» se siente como una expresión metonímica, pues un vaso es una realidad que no se bebe. Lo que diferencia básicamente esta incompatibilidad de la que aparece en el mecanismo de la metáfora es que existe una relación evidente y percibida inmediatamente, entre el vaso y lo que se bebe, relación de continente a contenido: se trata de una relación entre los propios objetos, sin que sea necesario hacer intervenir un proceso de abstracción, como en la metáfora, en donde, como ya hemos visto, se trata de una relación de significación.

Así, pues, el análisis del proceso metonímico permite confirmar la existencia de un parentesco muv estrecho, podríamos decir de una «solidaridad», entre la función referencial del lenguaje y la actividad de combinación, lo que por otra parte aparece en el funcionamiento de los instrumentos gramaticales llamados a veces referentes y que desempeñan a la vez el papel de anafóricos y de deícticos. El carácter ambiguo del término *contexto*, que designa lo mismo el entorno lingüístico sobre el eje sintagmático que el contorno extra-lingüístico del eje de comunicación, traduce una realidad fundamental del lenguaje, puesta de manifiesto por el estudio de la metonimia: la combinación de los elementos lingüísticos que ellos designan son solamente los aspectos complementarios del mismo mecanismo.

III

EL PROBLEMA DE LA SINÉCDOQUE

A pesar de las dificultades que, en ciertos casos particulares, puede presentar en la práctica la distinción entre metáfora, símbolo y comparación, podemos afirmar que la noción retórica de metáfora cubre un conjunto homogéneo de hechos lingüísticos y proporciona un instrumento adecuado para la reflexión semántica. La noción de metonimia corresponde también a un mecanismo diferente y permite agrupar algunos hechos cuyo parentesco no se sitúa únicamente a nivel de las apariencias y de las estructuras superficiales. Queda por examinar si la noción de sinécdoque, tal y como nos la han transmitido los teóricos de la retórica, es utilizable por el semantista. Para ello habrá de determinarse si corresponde a un mecanismo único y distinto.

Los trabajos de Jakobson que establecen la posición entre metonimia y metáfora incluyen dentro de la categoría de la metonimia cierto número de hechos a los que la retórica colocaba la etiqueta de sinécdoque. El presente estudio, al explicar la sinécdoque de la parte por el todo mediante el proceso de transferencia referencial que caracteriza a la metonimia, podría conducir a considerar como accesoria la distinción entre sinécdoque y metonimia. Podemos también observar que no existe una frontera bien delimitada entre las dos categorías: se sitúa tanto de un lado como de otro el empleo del nombre de la materia para designar la cosa que está hecha de ella; no existe un argumento sólido que impida considerar la metonimia del traje por la persona como una sinécdoque. En principio, las nociones de contigüidad interna y de contigüidad externa deberían hacer posible, al menos en teoría, el trazado de una línea de demarcación, pero estos criterios son difíciles de manejar.

Si parece, pues, legítimo considerar la sinécdoque de la parte por el todo como un tipo particular de metonimia, podemos preguntarnos si se puede decir otro tanto de todas las sinécdoques. Podemos apreciar la complejidad de este problema intentando analizar la definición propuesta por DuMarsais en su *Tratado de los Tropos*:

La sinécdoque es una especie de metonimia mediante la cual se otorga una significación particular a una palabra que, en sentido propio, tiene una significación más general; o, al contrario, se da una significación general a una palabra que, en sentido propio, sólo tiene una significación particular (II IV).

Desde luego, debemos abstenernos de entender que DuMarsais establecía sus consideraciones sobre la base de una teoría semántica satisfactoria, pero esto no debe impedirnos sacar provecho de sus intuiciones, tan a menudo esclarecedoras. Podemos constatar que la palabra «significación» se encuentra cuatro veces en su definición; él considera, pues, la sinécdoque como un proceso que incide sobre la significación, como una modificación de la significación. Por otra parte, dice que la sinécdoque es una especie de metonimia; ahora bien, ya hemos visto que la metonimia consiste en una modificación de la referencia, sin que haya alteración de la significación, al menos en sincronía. Hay, pues, aquí elementos incompatibles y una verdadera contradicción. La explicación a que esto nos lleva obligatoriamente es que la noción retórica de sinécdoque agrupa artificialmente ciertos hechos que hacen intervenir unos procesos semánticos radicalmente distintos. Por ello, se hace necesario estudiar por separado cada categoría de sinécdoque.

1. *Sinécdoque de la parte*

El hecho de que la mayor parte de los ejemplos dados por Roman Jakobson, en apoyo de su teoría de la metonimia, sean en realidad sinécdoques de la parte por el todo, nos lleva a asociar su estudio con el de la metonimia propiamente dicha. La diferencia más llamativa que hemos podido observar entre esta sinécdoque y la metonomia, en sentido estricto, reside en el hecho de que la elipsis que hay que imaginar para dar cuenta del proceso lingüístico de transferencia de referencia es más compleja en el caso de la sinécdoque de la parte. Mientras que en los dos casos hay, a la vez, modificación de la cadena hablada y transferencia de referencia, podemos considerar que el segundo aspecto es claramente más predominante en este tipo de sinécdoque que en la metonimia.

2. Sinécdoque del todo

El desplazamiento de referencia y la posibilidad de explicar el deslizamiento por una elipsis son idénticos a lo que encontramos en la figura inversa.

3. Sinécdoque de la materia

Las vacilaciones de los teóricos en colocar esta figura en la categoría de la metonimia o en la de la sinécdoque llevan, naturalmente, a descubrir aquí el mecanismo de la metonimia, con desplazamiento de referencia y elipsis.

4. Sinécdoque de la especie

La sustitución del nombre del género por el de la especie plantea otro tipo de problemas. Para el lógico, el paso del género a la especie supone necesariamente una disminución de la extensión y un aumento de la comprensión. Para el semantista se trata de la adición de rasgos distintivos suplementarios, que el análisis componencial podrá describir como semas adicionales. Los ejemplos propuestos por los manuales de retórica son de dos tipos, según que la precisión suplementaria tenga valor de información o que deba ser neutralizada si se quiere sacar el contenido de información del mensaje. Debemos reconocer que los hechos del primer tipo no son tropos propiamente dichos; volviendo al ejemplo de la *Rhétorique générale*, escribir «puñal» en lugar de «arma», cuando se trata, efectivamente, de un puñal, no puede ser considerado como una sinécdoque. No es que tal elección carezca de interés para el estilista, que debe tener en cuenta las tendencias a la abstracción o a la concreción, sino que se trata de un hecho producido por el funcionamiento normal del proceso de la denominación y no hay ninguna razón para situarlo junto con los tropos que son accidentes de denominación. Así, pues, ya nos quedan únicamente por examinar los casos en que la precisión suplementaria no puede ser integrada en el contenido informativo del mensaje. El ejemplo de la *Rhétorique générale* es particularmente claro:

Afuera noche zulú.

El mensaje sólo puede ser interpretado poniendo entre paréntesis, por así decirlo, los semas incompatibles con el contexto. Volvemos a encontrar, pues, aquí el proceso característico de la metáfora. Esta categoría tradicional de la sinécdoque agrupa arbitraria y artificialmente casos de afinamiento de la precisión en la denominación y metáforas. Así, pues, no puede ser considerada por el semantista.

Puede uno preguntarse cómo es posible que un error tan grande como es la constitución de esta categoría haya permanecido tanto tiempo en los tratados de retórica. La explicación más verosímil podría ser la atención exclusiva acordada al aspecto referencial de la denominación, en detrimento de un interés mayor sobre la significación propiamente dicha. Se han llegado a considerar paralelas la relación de la especie al género y la relación de la parte al todo, porque se ha considerado a la especie como parte del género. Esto parece confirmarlo por la falta de DuMarsais que, en el párrafo consagrado a la sinécdoque de la especie, escribe: «la palabra *cuerpo* y la palabra *alma* se toman también a veces separadamente por todo el hombre». Es innegable que aquí hay una verdadera sinécdoque, pero es una sinécdoque de la parte y no una imposible sinécdoque de la especie.

Sin duda alguna, hay que buscar en Quintilliano el origen de esta clasificación errónea, que acerca indebidamente la relación que une el género con la especie a la que existe entre el todo y la parte; sea de ello lo que fuere, la retórica tradicional sacó de las *Instituciones oratorias* esta idea tan poco conforme con la realidad del lenguaje:

La sinécdoque puede dar variedad al discurso, haciendo comprender varios objetos por uno, el todo por la parte, el género por la especie, lo que sigue por lo que precede, o inversamente *.

_____

* *Instituciones oratorias*, versión de Ignacio Rodríguez y Pedro Sandier, Buenos Aires, Joaquín Gil, 1944, Libro VIII, pág. 381. [*N. del T.*]

Hay que reconocer que, a pesar de su imprecisión, las afirmaciones de Aristóteles se acercaban más a la verdad cuando consideraba el desplazamiento del género a la especie y el de la especie al género como categorías de la metáfora:

> La metáfora es la transferencia a una cosa del nombre de otra, transferencia del género a la especie, o de la especie al género, o de una especie a otra, por vía de analogía (*Arte poética*, XXI, 7) *.

Si esta presentación es bastante exacta para el empleo del nombre de la especie que sirve para designar el género, debemos examinar ahora la situación inversa.

6. *Sinécdoque del género*

Fontanier entresaca cierto número de ejemplos en La Fontaine:

el cuadrúpedo,	por el león
el insecto,	por el moscardón
el pez,	por la carpa
el pájaro,	por la garza
el árbol,	por el roble
el arbusto,	por el cañizo, etc.

Dejemos de lado al cañizo, que no es un arbusto, sino una planta, como coinciden en afirmar todos los diccionarios del siglo XVII: hay aquí solamente una inexactitud en la denominación, en donde, sin duda, es más justo ver un error que un tropo [23]. Los cuatro ejemplos anteriores pueden analizarse como abstracción, es decir, como el abandono de semas por el empleo de términos de mayor extensión: no son tropos, sino hechos que se producen en el funcionamiento normal de la denominación. También es verdad que las determinaciones aportadas por el contexto reducen la extensión de los términos empleados, pero es

---

* *Poética* de Aristóteles. Edición trilingüe de Agustín García Yebra, Madrid, Gredos, 1970, pág. 204. [*N. del T.*]

[23] Si no quiere considerarse esto como un error se puede explicar esta técnica de La Fontaine como una metáfora en donde los semas mantenidos en la denotación serían los semas comunes a *arbusto* y *planta*.

éste un cruzamiento normal entre una elección paradigmática de significación y una relación de referencia establecida sobre el eje sintagmático.

Nos queda por considerar el primer ejemplo, en el que podemos observar un proceso semántico sensiblemente diferente. En efecto, «cuadrúpedo» no es la denominación de un género del que el león fuera una especie; no parece que se pueda pasar de «león» a «cuadrúpedo» únicamente por la supresión de semas distintivos. El término de «cuadrúpedo» enuncia una caracterización de la que parece legítimo pensar que se relaciona con la realidad extra-lingüística del león sin por ello formar parte del contenido semántico del lexema «león». Se pasa del término «cuadrúpedo» a la designación del león a través de una relación referencial. El ejemplo de DuMarsais debe explicarse de la misma manera: «los mortales» por los hombres. No debe verse aquí un resultado que eliminase ciertos semas distintivos, sino un procedimiento de denominación, por una caracterización que supone cierto conocimiento de la realidad extra-lingüística del hombre. Este procedimiento se distingue, no obstante, de la metonimia por el hecho de que hace intervenir una relación de caracterización y no una relación de contigüidad. Además, no se puede hablar aquí de accidente de denominación propiamente dicho que permita distinguir un tropo. Más que conservar el calificativo de «sinécdoque del género», que induce a confusión, es mejor hablar de denominación por caracterización.

7. Sinécdoque de abstracción

Según la definición de Fontanier, «consiste en tomar lo *abstracto* por lo *concreto* o, si se quiere, tomar una cualidad considerada abstractamente y como fuera del tema, por el sujeto que se considera poseedor de esta cualidad». Algunos de los ejemplos citados por Fontanier se explican sin dificultad por un proceso metonímico. Así, *su victoria* por «él vencedor», o por «él en su victoria», puede analizarse como un traslado de referencia basado en una relación de contigüidad; por otra parte, la elipsis en la que hace pensar inmediatamente la segunda glosa de Fontanier es análoga a la que permite dar cuenta del proceso metonímico. Por el contrario, el fenómeno no parece tan sencillo en el caso de un ejemplo tomado de Boileau:

De una larga sotana él se reviste el moaré.

«Lo que puede realmente *revestirse*, comenta Fontanier, es el *moaré*, convertido en sotana; es la propia sotana, y no el *moaré* como *moaré*, como paño de tal o cuál cualidad.» Se trata, pues, de una sinécdoque de la materia, es decir, de una verdadera metonimia. Sin embargo, Fontanier ve aquí una sinécdoque de abstracción: «el poeta ha hecho una sinécdoque de *abstracción* y una *sinécdoque de abstracción relativa*, al hacer revestir *el moaré de una sotana*, más que una *sotana de moaré*». En realidad, lo que diferencia este ejemplo de los citados en el párrafo sobre la sinécdoque de la materia, es que tenemos aquí en cierta manera una sinécdoque o metonimia *in praesentia*. Lo mismo que en numerosos casos de metáfora *in praesentia*, la ambigüedad que dificultaba la captación de la información contenida en la expresión figurada, es aclarada por la introducción del término propio en el enunciado, bajo la forma de un complemento de determinación del término metonímico. La confusión que se ha producido en la mente de Fontanier, entre sinécdoque de abstracción y estructura *in praesentia*, se hace evidente al ver que él sitúa en su categoría de la sinécdoque relativa a algunos ejemplos de metáforas *in praesentia*, como: «el marfil de sus dientes», las rosas de su tez» o «el alabastro de su cuello».

Es indiscutible que hay aquí una abstracción, pero se trata de una abstracción metafórica. En realidad, el error de Fontanier no es tan grande como parece a primera vista: el proceso metonímico, que encontramos en la sinécdoque de abstracción, se explica por una modificación que incide sobre el eje sintagmático. A pesar de que el proceso metafórico sea una modificación que interviene sobre el eje paradigmático, debemos ver en la metáfora *in praesentia* una especie de proyección de esta modificación sobre el eje sintagmático. Esto no quiere decir, en modo alguno, que podamos considerar emparentadas a la metonimia y a la metáfora *in praesentia*: simplemente constatamos que entre los dos mecanismos existe una relación lejana, pero real.

8. *Sinécdoque de individuo o antonomasia*

Así titula Fontanier el último artículo de su capítulo sobre la sinécdoque. DuMarsais, que consagra a la antonomasia un capítulo especial, la define así:

La antonomasia es una especie de sinécdoque, por la que se pone un nombre común por un nombre propio, o bien un nombre propio por un nombre común. En el primer caso se quiere hacer entender que la persona o la cosa de que se habla destaca sobre todas las que pueden comprenderse bajo el nombre común; y en el segundo caso, se da a entender que aquel de quien se habla se asemeja a aquellos cuyo nombre propio es célebre por algún vicio o por alguna virtud.

La primera serie de ejemplos corresponde a un sistema de denominación en el que no interviene el desplazamiento característico del tropo. Llamar a Aristóteles «el filósofo» o a Cicerón «el orador» no es otra cosa que reemplazar el nombre propio por un término de mayor extensión: así pues, el fundamento de toda denominación es el movimiento de abstracción.

Por el contrario, es indiscutible que la segunda especie de antonomasia, que consiste en tomar un nombre propio por un nombre común, forma parte de los tropos. Solamente por un desplazamiento de denominación se dice de un voluptuoso: «es un Sardanápalo», cuando se trata de una persona distinta de Sardanápalo, o de una mujer fogosa o furiosa: «es una Bacante, una Ménade». No obstante, sería difícil ver aquí la transferencia de referencia característica de la metonimia. La palabra propia y la palabra figurada que la reemplazan están ligadas por una relación de similitud, no de contigüidad. Ya Fontanier lo había sentido así cuando escribía: «Podemos observar que muy a menudo la *antonomasia* presenta una *metáfora*». Podrá objetarse, sin embargo: ¿cómo es posible que un nombre propio pueda proporcionar una metáfora, mientras que lo que caracteriza al nombre propio es que no posee ninguna significación analizable y que funciona como un término únicamente referencial, y que la metáfora se explica por una modificación de la significación? En realidad, para que un nombre propio pueda servir de antonomasia es necesario que ya no sea enteramente un nombre propio y que puedan distinguirse ya algunos elementos de significación. La posibilidad de percibir una significación en un término que en un principio era un nombre propio permite, gracias a un proceso de lexicalización que desencadena el mecanismo metafórico, la transformación de un nombre propio en nombre común, tal como Mecenas, Benjamín, etc.

* * *

Así pues, la tradición retórica ha colocado dentro de la categoría de la sinécdoque a todo un conjunto heteróclito de hechos de los que solamente una parte se relacionan con el proceso metonímico. Como consecuencia de la ausencia de distinción entre la significación propiamente dicha y la referencia, se han mezclado algunos hechos que pertenecen a la categoría de la sinécdoque, unos que están relacionados con el proceso metafórico y otros que no parece legítimo considerar como tropos. Al semantista le es, pues, imposible servirse de esta noción compuesta, al menos considerándola con la extensión que tiene en la retórica.

Quizá no sea cierto que no es conveniente conservar la noción de sinécdoque, a condición, no obstante, de limitarla estrictamente a las dos categorías tradicionales de la sinécdoque de la parte y de la sinécdoque del todo. En efecto, a pesar de que nos encontremos en estos dos casos ante un proceso metonímico, hay que reconocer que se trata de metonimias un poco particulares. Éstas se distinguen por la relación de inclusión que liga el término figurado al término propio del que aparece como su sustituto. Parece que el tipo particular de esta relación referencial provoca cierta diferencia del mecanismo lingüístico que nosotros no hemos conseguido determinar con precisión, pero que, mediante un primer análisis, podemos considerar como un predominio de la relación referencial sobre el sistema de elipsis que la vierte en el discurso, en el momento de la interpretación del mensaje.

Incluso si la distinción entre metonimia y sinécdoque (en sentido estricto) no parece fundamental al semantista, podemos pensar que tiene cierta importancia en estilística. La afirmación de Roman Jakobson de que «es el predominio de la metonimia el que gobierna y define efectivamente la corriente literaria llamada *realista*», es desde luego discutible, ya que en la obra de Racine, en quien es difícil ver un representante típico de una estética realista, se encuentra una frecuencia considerable de metonimias; por el contrario, parece que esta afirmación sea perfectamente fundada si se reemplaza *metonimia* por *sinécdoque*; quizá sería conveniente precisar que se trata de la «sinécdoque de la parte».

A pesar de que sea sin duda excesivo abandonar totalmente la noción de sinécdoque, debemos aceptar que el estudio crítico de las categorías tradicionales de la retórica confirma la existencia de una organización bipolar del sistema de los tropos, con dos mecanismos bien diferenciados: el de la metáfora y el de la metonimia.

* * *

Estas consideraciones sobre la sinécdoque invitan a reflexionar sobre lo que hay que entender por *denominación normal*, o, si se prefiere, por *sentido propio*. En efecto, todas las figuras a las que la retórica tradicional denomina sinécdoques son consideradas como tropos, «figuras por las que se hace tomar a una palabra una significación que no es precisamente la significación propia de esa palabra». DuMarsais comenta inmediatamente esta definición de forma muy pertinente: «así, para entender lo que es un *Tropo*, hay que empezar por comprender bien lo que es la significación propia de una palabra». Ahora bien, si el problema ha sido planteado correctamente, la solución esbozada por DuMarsais es menos satisfactoria. Fontanier ya le reprochaba el confundir sentido propio y sentido primitivo, al no distinguir lo que nosotros llamamos hoy sincronía y diacronía. Para ver claro es preferible no partir de la palabra, como hace DuMarsais, sino de la cosa que hay que nombrar: el problema de la denominación normal, inverso de el del sentido propio, ofrece la ventaja de corresponder con más exactitud a las profundas preocupaciones de la retórica tradicional, al considerar la utilización del vocabulario más bien en su función referencial que en una perspectiva de semántica estructural.

Parece que la retórica tradicional se hiciese una idea puntual de la denominación normal: a una realidad dada correspondería una sola denominación normal, siendo tropos las demás denominaciones. Si se quiere designar una butaca de un tipo particular, por ejemplo una poltrona, puede admitirse, adoptando este punto de vista, que la denominación normal será «butaca»; siendo entonces considerada como un tropo cualquier otra denominación, puede ser práctico clasificar el sustituto posible «asiento» en la categoría de la sinécdoque del género y «poltrona» en la de la especie (se sobreentiende que aquí se hace abstracción de lo que podría haber de metafórico o metonímico en el término «poltrona»). Pero, fijándose bien, se puede observar que «asiento» y «poltrona» son denominaciones tan normales como «butaca»: la denominación normal no es, pues necesariamente puntual y hay numerosos casos en que, si se me permite la expresión, es lineal, es decir, que comprende al conjunto de los términos situados sobre un eje, que va de lo particular a lo general o de lo concreto a lo abstracto:

poltrona	butaca	asiento	mueble	cosa	→
reineta	manzana		fruta	postre	→

Es suficiente con tener en cuenta este carácter de la denominación normal para que ya no se plantee más el problema de las falsas sinécdoques de la especie y del género. Que la retórica clásica haya introducido aquí una concepción errónea no debe impedirnos sacar provecho de todo lo que por otra parte nos enseña sobre los tropos esenciales, la metáfora y la metonimia.

IV

METÁFORA Y SÍMBOLO

Cuando, en el *Mystère des Saints innocents*[24], Péguy escribe que «la fe es un gran árbol», podemos afirmar que hace del árbol el símbolo de la fe. No hay la menor duda de que hay aquí un símbolo. Según el *Vocabulaire technique et critique de la philosophie,* donde se encuentra la definición más matizada y más precisa[25], el símbolo es «lo que representa otra cosa en virtud de una correspondencia analógica». El árbol de Péguy representa otra cosa, puesto que significa la fe; la correspondencia analógica es expresada por la relación que establece que el árbol es a la fe lo que el brote es a la esperanza. Podríamos decir igualmente que en «la fe es un gran árbol», hay una metáfora, como cuando Pascal escribe: «El hombre es sólo una caña.» La definición que Littré da de la metáfora se aplica igualmente a estos dos casos: «figura por la que la significación natural de una palabra se cambia en otra; comparación abreviada». La palabra «árbol» significa la fe considerada de cierta manera, lo mismo que la palabra «caña» significa cierto aspecto de la especie humana. «La fe es un gran árbol», «el hombre es sólo una caña», podrían ser someramente con-

[24] Pág. 14.
[25] «Símbolo: A. Lo que representa otra cosa en virtud de una correspondencia analógica. B. Sistema continuado de términos, cada uno de los cuales representa un elemento de otro sistema: «Un símbolo es una comparación de la que solamente se nos da el segundo término, un sistema de metáforas continuadas». (Jules Lemaître, *Les Contemporains,* IV, 70).» (André Lalande, *Vocabulaire technique et critique de la philosophie,* París, P.U.F., 9.ª ed., páginas 1080-1081.) [*Vocabulario técnico y crítico de la filosofía,* traducción bajo la dirección de Luis Alfonso. 2.ª ed., Buenos Aires, El Ateneo, 1967, pág. 940. *N. del T.*] Si fuera necesario, la lectura del ejemplo citado por Lalande sería suficiente para justificar la existencia del presente capítulo.

sideradas como los equivalentes reducidos de «la fe es como un gran árbol», «el hombre es sólo como una caña», si se adoptase la definición, tradicional pero inadecuada, de la metáfora como comparación elíptica. Por otra parte, en estos dos ejemplos el riesgo de confusión de la metáfora con la metonimia es inexistente: la relación que une al árbol con la fe o el que liga a la caña con el hombre es una relación de similitud y no la relación de contigüidad que caracteriza a la metonimia. Esta similitud parece ser idéntica a la correspondencia analógica inherente al símbolo. ¿Deberemos concluir por ello que, en el lenguaje, símbolo y metáfora son realidades equivalentes? O, habida cuenta del hecho de que la metáfora pertenece necesariamente al lenguaje, ¿se puede afirmar que la metáfora es la expresión lingüística de una relación simbólica?

Es bastante fácil precisar lo que es la relación simbólica. En el texto de Péguy, la palabra «árbol» corresponde a la «fe», mediante un sistema de signos que encajan unos con otros. Para analizar este sistema se puede utilizar la teoría de Saussure sobre el signo, relación entre un significante y un significado. Al significante «árbol» corresponde un significado, que es el concepto del árbol o, más exactamente, la representación mental de un árbol. En la expresión simbólica este significado se transforma a su vez en el significante de otro significado, que en el caso referido es la representación o el concepto de la fe. Podremos decir, pues, que hay símbolo cuando el significado normal de la palabra empleada funciona como significante de un segundo significado que será el objeto simbolizado. En rigor, no es la palabra «árbol» la que es el símbolo, sino su significado, la representación del árbol. Y, de hecho, la palabra «árbol» en Péguy significa un árbol, un árbol que tiene corteza, rama y raíces:

La fe es un gran árbol, es un roble enraizado en el corazón de Francia...

Y cuando se ve el árbol, cuando miráis el roble, esta ruda corteza del roble trece y catorce veces y dieciocho veces centenario...

Esta dura corteza rugosa y estas ramas que son como un revoltijo de brazos enormes...

Y estas raíces que se hunden en la tierra y que la agarran como un revoltijo de piernas enormes...

Propiamente hablando, no es la palabra «árbol» la que significa la fe, sino la representación misma del árbol, es decir, el significado de la palabra. La palabra misma no es más que la traducción en el lenguaje de una relación extra-lingüística, que podría ser expresada en otra lengua natural sin sufrir una modificación perceptible.

Más difícil de analizar es la relación metafórica. Se puede tener la impresión de que es idéntica a la relación simbólica. Cuando Víctor Hugo pone en boca de Doña Sol el famoso verso:

Sois mi león soberbio y generoso,

se puede tener tendencia a considerar que la representación mental del león significa un hombre valiente y que aquí no hay otra cosa que la misma relación entre dos significados que se tenía en el ejemplo del árbol de Péguy. Pero en realidad, la propia palabra «león» es la que significa otra cosa que un león. Para comprender el verso de Hugo no es necesario recurrir a la representación global de un león. Más aún, deformaríamos su sentido si hiciésemos intervenir todos los elementos que constituyen el concepto de león: «Mamífero carnívoro, de pelaje característico, de andar suave y majestuoso. Temible por su fuerza y su valor. Vive en el África Central, en la maleza y en los bosques, cazando herbívoros.» Cuando Doña Sol dice a Hernani: «Sois mi león», le importa poco que el león sea un cuadrúpedo carnívoro o que viva en África. No sólo estos elementos son inútiles; se puede afirmar que hacerlos intervenir haría la comunicación más pesada hasta el punto de que ésta sería difícil de interpretar. El sustantivo «león» no corresponde, pues, al significado habitual de esta palabra, ya que la representación mental del león perjudica a la interpretación del enunciado. El significado no es tampoco la representación global de la persona de Hernani; sólo se corresponde parcialmente con esta representación, de la misma manera que sólo se corresponde parcialmente con la representación del león. El significado de la palabra «león» es lo que hay de común a las dos representaciones, la del león y la de Hernani. O, más exactamente, lo que, entre los diversos elementos que constituyen la representación del león, no es incompatible con la idea que podemos hacernos del personaje de Hernani. Tomando como base el análisis somero que hemos dado del significado habitual de la palabra león y eliminando los elementos incompatibles, se obtendrá: «su andar suave y majestuoso. Temible por su fuerza y su valor». A decir verdad, estos diversos elementos no tienen la misma importancia en la metáfora del león aplicada a Hernani y se hace patente la existencia de una jerarquía entre estos atributos, que podemos considerar esquemáticamente como elementos de significación. Es, pues, necesario emplear la noción de atributo dominante: este atributo dominante es el rasgo de similaridad que sirve de fundamento al establecimiento de la relación metafórica. En la metáfora del «león» aplicada a Hernani, el atributo dominante es el valor. La selección sémica operada por el mecanismo metafórico supone, pues, una organización jerárquica de los elementos de significación.

Es necesario, no obstante, evitar las simplificaciones. Que la metáfora del «león» no es el simple equivalente de «ser valeroso» nadie lo pone en duda. Hay que ir más lejos: la metáfora del «león» no es el simple equivalente de la parte de la definición del león compatible con el personaje de Hernani, o más exactamente, con la visión que Doña Sol pueda tener de Hernani. Sin embargo, los elementos de información contenidos en la expresión metafórica coinciden con esta parte de la definición, pero no se puede en absoluto reducir el funcionamiento del lenguaje al de un puro instrumento de información lógica. A la información propiamente dicha, de la que da cuenta la significación lógica de la expresión, se añade lo que debemos calificar de «imagen asociada», que aquí es la representación mental del león. Pero esta representación interviene en un nivel de conciencia diferente de aquel en que se forma la significación lógica; en un nivel donde deja de intervenir ya la censura lógica que separaba del significado de la metáfora «león», lo que resultaba razonablemente incompatible con la personalidad de Hernani.

El mecanismo de la imagen asociada no es adecuado para la utilización de la metáfora. Interviene constantemente en el momento de la emisión de un enunciado: para un hablante, el adjetivo «azul» será asociado naturalmente a la impresión producida por un cielo sin nubes; para otro, será inseparable del recuerdo del mar. Pero, de hecho, muchas veces nada permitirá al oyente o al lector descubrir con certeza la imagen asociada que está presente en el espíritu del hablante o del escritor en el momento de emplear tal elemento del vocabulario, pero que no se inscribe en la textura del enunciado con la suficiente nitidez como para ser reconocida. Del mismo modo, la imagen asociada puede intervenir en el momento de descifrar el enunciado en el espíritu del lector o del oyente, en el que tal palabra podrá crear una represenación extraña al contenido de información del texto, quizá incluso totalmente extraña al pensamiento de quien formuló el enunciado. Voltaire, describiendo en *Candide* el atavío de un jesuita del Paraguay, habla de un «gorro de tres cuernos». Un estudiante de literatura comentaba esta expresión de la siguiente manera: «Los cuernos significan encornudamiento; los tres cuernos significan que el portador del gorro es tres veces cornudo.» Si bien los sobreentendidos maliciosos no son siempre ajenos a la pluma de Voltaire, podríamos asegurar que una interpretación tal del «gorro de tres cuernos» sobrepasa las intenciones del autor y desfigura su pensamiento [26]. El carácter ridículo y excesivo del comentario, no debe, sin embargo, impedirnos examinar el por qué se ha llegado aquí a él: la palabra «cuernos» ha suscitado en el espíritu del lector la idea de «encornudamiento», por un proceso, sin duda, análogo al de la asociación de ideas tan familiar a los psicólogos, creando así una imagen asociada propia a este lector, y ajena tanto al autor como a los otros lectores.

La producción de la imagen asociada aparece, pues, como un hecho ligado a cada personalidad. Dada una palabra, la elección entre una imagen sociada u otra parece libre, hasta tal punto que puede haber aquí una fuente de error en la interpretación del enunciado.

La metáfora, al mismo tiempo que recurre a este mecanismo de la imagen asociada, le quita esta libertad y este carácter aparentemente arbitrario. Impone al espíritu del lector, por superposición con relación a la información lógica contenida en el enunciado, una imagen asociada que corresponde a la que se formó en el espíritu del autor en el momento en que formulaba dicho enunciado.

La metáfora aparece, pues, como la formulación sintética del conjunto de los elementos de significación, pertenecientes al significado habitual de la palabra, que son compatibles con el nuevo significado impuesto por el contexto en

---

[26] Evidentemente, en Voltaire la connotación es militar: en el siglo XVIII los «tres cuernos» eran la característica del tocado de los oficiales.

el empleo metafórico de esta palabra; encuentra así su justificación, en el nivel del contenido de información lógica del enunciado, dentro de las posibilidades de economía que ofrece al lenguaje. Además, la metáfora presenta la posibilidad de inscribir en el mensaje la imagen asociada que acompaña a la formulación de este contenido de información lógica, de manera que permita al oyente o al lector reconstruirla sin correr el riesgo de atribuir al autor del mensaje pensamientos o intenciones que le son ajenos.

Pero podría objetarse lo siguiente: si el funcionamiento de la metáfora hace intervenir, al mismo tiempo que el traslado de significación establecido sobre una relación analógica, la representación mental del objeto designado habitualmente por la palabra metafórica, ¿en qué se diferencia la metáfora del símbolo? O, teniendo en cuenta el hecho de que la metáfora es una realidad lingüística, ¿no se confunde con la expresión lingüística de una relación simbólica?

En realidad, la diferencia esencial entre el símbolo y la metáfora consiste en la función que cada uno de los dos mecanismos atribuye a la representación mental que corresponde al significado habitual de la palabra utilizada y que podremos designar cómodamente con el término *imagen*. En la construcción simbólica, la percepción de la imagen es necesaria para captar la información lógica contenida en el mensaje: el texto de Péguy sobre la fe es incomprensible si no se le hace pasar a través del conducto de la imagen del árbol. En la metáfora, por el contrario, este intermediario no es necesario para la transmisión de la información; a este nivel no se utiliza el significado global de la palabra empleada, sino solamente los elementos de este significado que son compatibles con el contexto. Mientras que la imagen simbólica debe ser captada intelectualmente para que el mensaje pueda ser interpretado, la imagen metafórica no interviene en la textura lógica del enunciado, cuyo contenido de información podrá entresacarse sin la ayuda de esta representación mental. Por oposición a la imagen simbólica, que es necesariamente intelectualizada, a la imagen metafórica le será suficiente con impresionar a la imaginación o a la sensibilidad.

Un empleo demasiado frecuente o demasiado prolongado del símbolo y de la metáfora acaba por desgastarlos, y nada muestra mejor su diferente naturaleza que en lo que se transforman con este desgaste. El cetro, la corona y el trono se han convertido, a lo largo de los siglos, en los símbolos del poder real; las palabras «cetro», «corona», «trono», o, más bien, sus equivalentes en las lenguas de su tiempo, se han venido utilizando como expresiones simbólicas de la realeza. Todavía hoy se dice «acceder al trono» para expresar el acceso a la dignidad real; en los países que han conservado la monarquía hereditaria, se habla de «abogado de la corona» para designar al fiscal del rey, de «compañía de la corona» para señalar que se trata de un organismo de Estado, es decir, dependiente del rey. No es necesario ser historiador de la lengua para percibir en estas expresiones la representación mental del trono o de la corona. No obstante, la relación que liga al trono o la corona con la condición real no se percibe ya en virtud de una analogía, incluso de una similitud de atributo dominante. Se aprecia aquí una aproximación habitual: es, pues, una relación de contigüidad la que se establece, y la utilización de las palabras «trono» o «corona» para designar a la realeza hace intervenir el mecanismo de la metonimia. Es bien evidente que, normalmente, el rey no se sienta en el trono ni lleva la corona más que en circunstancias completamente excepcionales; así pues, la relación metonímica está fundada sobre la permanencia de una relación simbólica. El símbolo desgastado se convierte, pues, en metonimia y queda percibida la representación mental de la imagen simbólica.

Con la metáfora desgastada ocurre otro tipo de cosas. Si alguien dice: «He estado más de media hora en la cola de la ventanilla de correos», no es cierto que la metáfora de la «cola» corresponda en su espíritu a la imagen del apéndice caudal de algún animal; la palabra «cola» podrá entenderse en dicho contexto como el simple equivalente de «fila de espera», sin imagen asociada particular. Pero el grado de desgaste de esta metáfora no está lo suficientemente avanzado como para que la desaparición de la imagen asociada sea constante; es aún perceptible para un determinado hablante u oyente, mientras que para otro ha desaparecido totalmente. Tomemos un caso más claro: en francés, la palabra «tête» (cabeza) tiene su origen en el empleo metafórico de «testa» cuyo sentido habitual es «pequeño puchero». En su origen, nos encontramos ante una metáfora del habla popular bastante parecida a la que hoy día se emplea: «Tu en fais une drôle de fiole! » *. La imagen aso-

---

* «Tienes un aspecto (cabeza) extraño.» En el lenguaje popular

50

ciada debería ser aquí aproximadamente igual de sensible. La frecuencia con que se ha utilizado esta metáfora ha hecho olvidar el sentido primitivo de la palabra, y la metáfora se ha lexicalizado totalmente; la desaparición de la imagen asociada ha precedido necesariamente al olvido del sentido primitivo, puesto que ella es su causa evidente; sólo el conocimiento de la etimología de la palabra hace posible que hoy se pueda reconstruir. La metáfora desgastada tiende a convertirse en el término propio, y la imagen se atenúa progresivamente hasta el punto de dejar de percibirse.

Esta distinción tan clara que hemos establecido de esta forma entre metáfora y símbolo no debe, sin embargo, hacer perder de vista los numerosos casos en que se combinan los dos mecanismos. Así, en el texto de Péguy que ha servido de punto de partida a este capítulo, percibimos, en primer lugar, una metáfora: «la fe es un gran árbol». Esta metáfora en «el hombre es sólo una caña» la relación de solidez, pero quizá no sea inmediatamente evidente. Es cierto que esto no es incompatible con el mecanismo de la metáfora: en «el hombre es sólo una caña» la relación de similitud no aparece con una evidencia mayor; la prueba está en que Pascal siente la necesidad de precisar: «la más débil de la naturaleza», indicando así que el atributo dominante es la debilidad. Pero el poner de relieve al atributo dominante hace que la metáfora de Pascal permanezca como tal: la noción de fragilidad basta para transmitir la información lógica. El «gran árbol» de Péguy surge también como una metáfora, y si nos paramos después de la palabra árbol, nada nos permite ver otra cosa que una metáfora. Pero, para asegurar que la continuación del texto sea coherente, es necesario que la imagen asociada del árbol, del roble, sea captada por el intelecto y sirva de base a un razonamiento por analogía que queda implícito, pero que es necesario para la interpretación del enunciado. Así, se ve cómo se puede pasar de la metáfora al símbolo, a través de una intelectualización de la imagen asociada.

Hay una categoría de imágenes, quizá la más fértil, que al principio no se sabe si colocarla entre los símbolos o entre las metáforas. Se trata de todas las imágenes ligadas a los arquetipos de Jung, a esos elementos dominantes en la imaginación de cada hombre, la luz y las tinieblas, el agua, la

español hay expresiones semejantes con la misma imagen; por ejemplo: «No le funciona bien el tarro» por «No le funciona bien la cabeza.» [N. del T.]

51

tierra, el fuego, el aire, el espacio y el movimiento. Gaston Bachelard ha estudiado la mayor parte de estos temas, en los que ve las constantes de la vida de la imaginación, y habría que extender esta investigación al conjunto de datos que constituyen la experiencia común de la humanidad, experiencia cotidiana de cada uno, sobre la que cabría preguntarse si no está inscrita en el patrimonio hereditario.

Para captar la significación de los enunciados que los utilizan, no es necesario intelectualizar dichas imágenes: lo más frecuente es que éstas no recurran a la lógica consciente del razonamiento por analogía que permite descifrar los símbolos. Es, pues, posible considerarlos en tal caso como metáforas. No obstante, estas metáforas tienen la particularidad de que su evolución no alcanza a borrar totalmente la imagen asociada. Incluso su lexicalización no destruye completamente la representación mental evocada por su primer sentido. La palabra «aveuglement», que se aplica aún en el siglo XVII a la privación de la vista, ya no se emplea hoy con este significado, en el que ha sido reemplazada por la palabra erudita «cécité» (ceguera). No la encontramos ya más que empleada en formas figuradas, es decir metafóricas. Sin embargo, la imagen de la privación de la vista permanece sensible en todas estas formas como imagen asociada. Estas metáforas ligadas a los elementos primitivos y a la experiencia común, se prestan de una manera peculiar al proceso de rejuvenecimiento de la imagen por el empleo de otra metáfora tomada del mismo campo semántico. Así, Racine imprime un nuevo vigor a la metáfora banal del fuego, empleada comúnmente en su época para designar a la pasión amorosa, acercándola al verbo «encender»:

Los dioses son testigos de ello, esos dioses que en mis en-
⌈trañas
Han encendido el fuego fatal a toda mi sangre.

(*Fedra*, v.v. 679-80.)

El empleo de dos o más metáforas tomadas así del mismo campo semántico, o, si se prefiere, de la metáfora hilada, hace intervenir, como el símbolo desarrollado, una coherencia de la imagen; pero, cuando se trata de representaciones tomadas de los temas comunes de la imaginación, esta coherencia no se establece sobre el plano de una lógica consciente y voluntaria. Se trata de una coherencia diferente de la que estructura el símbolo; la lógica que la establece no se sitúa en el nivel de la inteligencia obvia, sino que es el fruto de una actividad oculta del espíritu que se manifiesta por la variación existente entre el lenguaje efectivamente emitido y el contenido de información voluntaria que expresa. A través del estudio de la manera en que estas diversas representaciones se articulan en la obra de un escritor se puede llegar a delimitar lo que constituye su universo imaginario. Pero si la relación constante que une tal representación a un significado dado, puede aparecer sintéticamente como una relación simbólica, el examen de los diversos contextos en los que surge la imagen, obliga en general a constatar que lo que ésta pone en marcha cada vez no es más que el mecanismo de la metáfora. La coherencia que agrupa a todas estas metáforas escapa al control del intelecto del escritor y dibuja en su obra una trama que, aunque casi siempre es extraña a lo que el mensaje tiene de voluntario y de consciente, no es por ello menos reveladora.

Sin duda, es en esta categoría de metáforas donde conviene incluir las personificaciones que testimonian el antropocentrismo común a todos los hombres. La utilización prolongada de la personificación desemboca en la alegoría; conviene preguntarse si la propia alegoría es un símbolo o una metáfora. La respuesta será la misma que para los otros tipos de imágenes: si es necesario que la representación tenga que ser intelectualizada para que el contenido lógico del mensaje pueda ser descifrado, hay símbolo. Por cierto que esto es lo que sucede casi siempre cuando la alegoría se prolonga. Nos parece, incluso, que debería reservarse el nombre de alegoría a las personificaciones que hacen intervenir el mecanismo del símbolo; en los otros casos, bastaría con hablar de personificación.

Mientras que el mecanismo del símbolo se apoya en una analogía captada intelectualmente y muchas veces compleja, la metáfora se contenta con una analogía percibida por la imaginación y la sensibilidad, analogía aprehensible al nivel mismo del lenguaje. El símbolo rompe el marco del lenguaje y permite todas las transposiciones; la metáfora permanece contenida en el lenguaje, pero suministra una de sus claves.

Esta oposición entre símbolo y metáfora permite entrever lo que marca la diferencia esencial entre una semiología y una semántica. Que el lenguaje sea un sistema de signos, después de Saussure nadie se atrevería a negarlo. Pero aquí se trata de signos de una naturaleza especial, cuya organización no es, sin duda, isomorfa de la de los sistemas semiológicos externos al lenguaje. Parece que sea el símbolo, en el campo extralingüístico, el homólogo de la metáfora en las lenguas naturales, pero las diferencias descubiertas en el presente capítulo entre las dos categorías de hechos incitan a tener la mayor prudencia en toda extrapolación de una lingüística a una semiología general.

V

METÁFORA Y SINESTESIA

Las dos categorías de la metáfora y el símbolo no bastan para dar cuenta de la totalidad de las imágenes conectadas con lo señalado por una relación analógica sin que se haya hecho uso de un instrumento de comparación. El sistema del símbolo da cuenta de las analogías lógicas o, más exactamente, intelectualizadas, que podríamos situar en un nivel supralingüístico puesto que éstas tienen su origen casi siempre en una metáfora. El proceso metafórico corresponde a las analogías semánticas, ya que es el causante de la manera en que se organizan los semas desprendidos por un análisis componencial puramente lingüístico. Pero existen también analogías que, sin estar intelectualizadas ni situadas a nivel propiamente lingüístico, no por ello se ponen menos de manifiesto en el ejercicio efectivo del lenguaje. Son aquellas que aparecen a un nivel puramente perceptivo, y que un análisis lógico o sémico no llega a captar. Se trata, ciertamente, de un fenómeno extralingüístico, pero el hecho de que estas correspondencias sean confundidas a menudo con la metáfora justifica que se tenga en cuenta aquí, tanto más legítimamente cuanto que la delimitación entre los dos mecanismos es muy difícil de establecer.

A las categorías de la metáfora y del símbolo conviene, por consiguiente, añadir la de la sinestesia, que se puede definir como la correspondencia apreciada entre las percepciones de los diferentes sentidos, con independencia del empleo de las facultades lingüísticas y lógicas. El ejemplo más notable es, sin duda, el célebre soneto de Rimbaud:

A noir, E blanç, I rouge, U vert, O bleu: voyelles
Je dirai quelque jour vos naissances latentes:
A, noir corset velu des mouches éclatantes
Qui bombinent autour des puanteurs cruelles,

Golfes d'ombres; E, candeurs des vapeurs et des tentes,
Lances des glaciers fiers, rois blancs, frissons d'ombrelles;
I, pourpres, sang craché, rire des lèvres belles
Dans la colère ou les ivresses pénitentes;

U, cycles, vibrements divins des mers virides,
Paix des pâtis semés d'animaux, paix des rides
Que l'alchimie imprime aux grands fronts studieux;

O, suprême Clairon plein des strideurs étranges,
Silences traversés des Mondes et des Anges;
— O l'Oméga, rayon violet de Ses yeux! *.

Este soneto no es más que una acumulación de imágenes, pero ciertamente sería forzar el texto no ver aquí más que metáforas o símbolos. El mecanismo de la sinestesia es particularmente evidente en la equivalencia establecida entre las vocales y los colores; estas analogías no están fundadas en ningún elemento aprehensible por un paso deductivo; una vocal podrá ser calificada metafóricamente por una forma que evoca su grafía o por una sonoridad que recuerda su timbre; la relación de una vocal con un color no es ni lógica ni lingüística. Se trata asimismo de un hecho puramente individual; también puede asignarse a cada vocal un color distinto del que le da Rimbaud. Esta relación no es, pues, un signo, al menos un signo utilizable en la comunicación; cada persona, ciertamente, tiene la posibilidad de formarse un sistema de signos que sólo le sirvan a él, pero ¿podría hablarse aún de signos en este caso? Todo lo más, el escritor tiene la posibilidad de familiarizar a su lector con un sistema de correspondencias que será la marca de su universo particular.

La correspondencia sinestésica puede expresarse: bien por una sustitución, y entonces ofrece la misma estructura formal que la metáfora, o bien por el empleo de un instru-

---

* A negro, E blanco, I rojo, U verde, O azul: vocales, / Algún día diré vuestros orígenes latentes: / A, negro corsé afelpado de las resplandecientes moscas / Que giran en torno a crueles hedores, / Golfo de sombras; E, candores de vapores y de tiendas, Lanzas de orgullosos glaciares, reyes blancos, escalofríos de sombrillas; / I, púrpuras, sangre escupida, risa de bellos labios, / En la cólera o en penitentes embriagueces; / U, ciclos, vibraciones divinas de mares verdosos, / Paz de las dehesas sembradas de animales, paz de las arrugas / Que la alquimia imprime en las grandes frentes estudiosas; / O, supremo Clarín, lleno de estridores extraños, / Silencios atravesados por Mundos y Ángeles; / —O la Omega, rayo violeta de Sus ojos! [N. del T.]

mento de comparación, como en las *Correspondances* de Baudelaire:

Hay perfumes frescos como carnes de niños,
Suaves como los oboes, verdes como las praderas,
—Y otros, corrompidos, ricos y triunfantes,

Que tienen la expansión de las cosas infinitas,
Como el ámbar, el almizcle, el benjuí y el incienso,
Que cantan los arrebatos del espíritu y de los sentidos.

Baudelaire expresa los atributos comunes a los perfumes y a las representaciones táctiles, auditivas o visuales sirviéndose de epítetos cuya polisemia, realidad propiamente lingüística, se funda en sinestesias comúnmente admitidas. En un determinado momento de la historia de la lengua es difícil decidir si es la sinestesia la que produce la polisemia, o si la percepción sinestésica es, en cierta medida, provocada por la existencia en la lengua de una polisemia que asocia dos tipos de sensaciones. Esta última situación no difiere apenas del proceso metafórico. Si se habla de un «calor frío» hay que ver aquí, sin duda, una sinestesia, pero la lexicalización de un empleo semejante del adjetivo «frío» sólo se explica admitiendo que en un momento dado la sinestesia ha producido una metáfora.

Ciertamente, existen metáforas a las que se puede calificar de sinestésicas: son aquéllas que introducen una imagen asociada en correspondencia con un sentido distinto del que permite captar el denotado. Hay metáfora a condición de que la descripción semántica pueda distinguir un denotado correspondiente a la imagen asociada y que existan unos semas comunes al lexema utilizado y al que sustituye. En un estudio de las imágenes, parece preferible reservar el término *sinestesia* a los casos en que la imposibilidad de encontrar un proceso metafórico muestra que la sustitución se ha operado a un nivel más profundo que la actividad propiamente lingüística. Marcel Pagnol, recordando su experiencia de la audición de un fragmento de música en *Le Temps des secrets* (1960, pág. 147) *, expresa primero sus impresiones sirviéndose de metáforas que

---

* «Memorias», t. III: «La edad de los secretos», traducción de Isabel de Ambía, Barcelona, Juventud, 1963, pág. 84. [*N. del T.*]

alumbrasen una pronta comparación —mejor dicho, una similitud, como veremos más adelante—:

> De repente, oí sonar con fuerza unas campanas de bronce. Primero un poco espaciadas, como las primeras gotas de una lluvia de verano; después se unieron agrupándose en acordes triples y cuádruples, que caían en cascadas unos sobre otros, después fluían y se alargaban en velos sonoros, horadadas de repente por un rebotador granizo de notas rápidas, mientras que a lo lejos el trueno retumbaba con sombríos bajos que resonaban hasta el fondo de mi pecho.

Este autor establece una serie de analogías a causa del funcionamiento mismo del lenguaje. Pero unas líneas más adelante escribe:

> Con la cabeza vibrante y el corazón batiente, volaba yo, con los brazos abiertos, por encima de las verdes aguas de un misterioso lago: caía en agujeros de silencio, de los que remontaba repentinamente sobre el soplo de largas armonías que me llevaban hacia las rojas nubes de poniente *.

El lector puede tener la impresión de que aquí se trata de imágenes que no se contraponen en nada esencial a las precedentes, pero sería inútil intentar analizar aquí un proceso metafórico. Las «verdes aguas de un misterioso lago» y «las rojas nubes de poniente» no están ligadas por la relación referencial a nada más que a las aguas verdes de un lago misterioso y a las rojas nubes de poniente, cuyas representaciones percibe el narrador mientras escucha, con los ojos cerrados, un trozo de música. La analogía se construye completamente en el momento de la percepción, independientemente de toda preocupación por la expresión. El hablante se contenta con describir lo que sucede en él, sirviéndose de términos propios. En tanto que, volviendo a las categorías de Jakobson, el proceso metafórico hace intervenir a la función metalingüística, es únicamente la función emotiva la que pone en juego la expresión de una pura sinestesia.

La metáfora aparece así como la introducción en la oración de una imagen constituida en el plano de la actividad lingüística. Ocupa una situación intermedia entre el símbolo, que es el que introduce la imagen en el plano de la

---

* Páginas 84 y 85 de la traducción citada. [*N. del T.*]

construcción intelectual, y la sinestesia que es la aprehensión de una correspondencia en el plano de la propia percepción, anterior a la actividad lingüística. Las dificultades que se experimentan para establecer, en casos concretos, una delimitación precisa entre las tres categorías, no deben impedirnos distinguir la existencia de tres mecanismos diferentes; de lo contrario, el estudio lingüístico de la metáfora desaparecería para dejar lugar solamente a una apreciación subjetiva de las imágenes evocadas.

VI

METÁFORA Y COMPARACIÓN

Parte de los representantes de la retórica tradicional, e incluso una determinada estilística, definen la metáfora como una comparación abreviada o elíptica. Más que una definición, es un postulado que impone una forma de ver estos hechos del lenguaje, obligando a aceptar el corolario de que no hay diferencia esencial entre metáfora y comparación, sino, todo lo más, una variación de presentación que no afecta profundamente al mecanismo semántico. Conviene, pues, examinar las relaciones que unen el mecanismo de la metáfora con el de la comparación y medir con precisión las diferencias entre estos dos modos de expresión, a fin de determinar si hay que aceptar o rechazar este postulado.

La propia palabra *comparación* no es un instrumento práctico y su ambigüedad entorpece a veces al gramático. En la terminología gramatical, reemplaza a dos palabras latinas que corresponden a nociones bien distintas, la *comparatio* y la *similitudo*. Bajo el nombre de *comparatio* se agrupan todos los medios que sirven para expresar las nociones de comparativo de superioridad, de inferioridad y de igualdad. La *comparatio*, se caracteriza, pues, por el hecho de que hace intervenir a un elemento de apreciación cuantitativa. Por el contrario, la *similitudo*, sirve para expresar un juicio cualitativo, haciendo intervenir en el desarrollo del enunciado a un ser, objeto, acción o estado que eleva a un grado eminente, o al menos notable, la calidad o la característica que interesa resaltar. Que la terminología haya englobado bajo un solo nombre dos realidades diferentes se explica por la ausencia de una frontera bien delimitada entre las estructuras montadas por los dos mecanismos. En efecto, en los dos casos nos encontramos en presencia de tres elementos: el término que se compara, el término al que se compara el primero y, situado generalmente entre estos dos términos, el instrumento de comparación. La mayoría de los instrumentos de comparación se clasifican en dos series diferentes: *más* + adjetivo + *que, menos* + adjetivo + *que, tan* + adjetivo + *como*, etc., para la *comparatio; semejante a, parecido a, del mismo modo que*, etc., para la *similitudo.* Pero las dos construcciones pueden utilizar también la palabra *como;* la misma estructura formal podrá servir así para expresar relaciones semánticas totalmente diferentes. En la frase «Pedro es fuerte como su padre», *como* es el equivalente de «*tan...como*», y la significación es la misma que en: «Pedro es tan fuerte como su padre»; la estructura de la *comparatio* establece una relación cuantitativa entre la fuerza de Pedro y la fuerza de su padre. Por el contrario, sería cometer un error de interpretación el comprender la frase: «Pedro es fuerte como un león», lo mismo que si tuviésemos: «Pedro es tan fuerte como un león.» Aquí tenemos una estructura de *similitudo*, puesto que pone de relieve la calidad de la fuerza atribuida a Pedro apelando a la representación del león, al que se siente como un ser que posee en grado eminente esta cualidad. En último término, la coincidencia entre las dos construcciones puede crear una ambigüedad de la que podría obtenerse un efecto estilístico: el cliché «orgulloso como Artaban» significa «orgulloso de este orgullo cuyo representante más notable es Artaban», pero el otro significado «tan orgulloso como Artaban», no queda excluido y puede contribuir a dar un matiz humorístico.

La utilización del mismo término de *comparación* para designar los dos mecanismos, unida al hecho de que en ciertos casos la estructura formal es idéntica, puede llegar a ser un factor de confusión. En el siglo XVII, el idioma se servía de la palabra *similitud* para traducir el latín *similitudo*, evitando así toda confusión. Nada se opone a que saquemos del olvido esta práctica palabra y que nos sirvamos de ella para expresar la noción de *similitudo*, reservando a la palabra *comparación* el sentido de formulación lógica de una comparación cuantitativa, es decir, el sentido de *comparatio* en el latín de los gramáticos.

Una vez establecida esta distinción, queda claro que la metáfora tiene relaciones de significación con la similitud y no con la comparación en sentido restringido.

La similitud tiene de común con la metáfora el hacer intervenir una representación mental ajena al objeto de la información que motiva el enunciado, es decir, una imagen. En efecto, éste es el carácter común a todas las estructuras que introducen una imagen en el enunciado: se puede definir la imagen, desde el punto de vista de la realidad lingüística, por el empleo de un lexema extraño a la isotopía del contexto inmediato.

En cambio, la comparación en sentido restringido no es una imagen, porque queda en la isotopía del contexto: cuantitativamente no se comparan más que realidades comparables. Hay que señalar, además, que esto no impide el paso de la similitud a la comparación del tipo: «es necio como un asno, es, incluso, más necio que un asno». El primer empleo de la palabra «asno» constituye una desviación muy sensible en relación con la isotopía; es, pues, una similitud. Pero este empleo la hace entrar de alguna forma en la isotopía del texto, lo que permite la comparación cuantitativa de la segunda proposición. Esta comparación es una hipérbole; propiamente hablando no es una imagen. A decir verdad, las expresiones del tipo «es más necio que un asno», sin haber hecho antes mención de un asno, son completamente posibles, e incluso frecuentes, en el lenguaje familiar. Deben analizarse como la expresión hiperbólica de una similitud, puesto que transforman enfáticamente la relación cualitativa en una relación cuantitativa que sólo podría ser figurada. Esta posibilidad de combinar los dos mecanismos es la que explica la tendencia a confundirlos y la que hace necesario recurrir a la noción de isotopía para distinguirlos, ya que la diferencia es más semántica que gramatical.

* * *

La enseñanza tradicional presenta habitualmente a la metáfora como una similitud en la que se hubiera hecho elipsis del instrumento de comparación y, en la mayor parte de los casos, del término que se compara [27]; de hecho, esta

[27] El origen de esta tradición se encuentra, sin duda, en Quintiliano, ya que en las *Instituciones otratorias* (VIII, VI, 18) podemos leer: *In totum autem metaphora brevior est similitudo* (de una manera general, la metáfora es una similitud abreviada). Sin embargo, no es absolutamente cierto que Quintiliano haya escrito: *brevior similitudo*, a pesar de que éste sea el texto de la mayoría de las ediciones. En efecto, la edición de 1527 (de París) dice *brevior quam similitudo*: la metáfora es más breve que la similitud. Consideración, sin duda, exacta, pero de alcance bastante limitado. ¿Podríamos ver aquí la hábil conjetura de un filólogo que no acep-

elipsis es muy difícil de explicar. Es más satisfactoria la definición de DuMarsais:

> *La metáfora* es una figura en la que, por así decirlo, se traslada la significación propia de una palabra a otra distinta que no le conviene sino en virtud de una comparación que se da en la mente (*Tratado de los tropos*, II, 10)*.

Si entendemos aquí «comparación» en el sentido de similitud, es necesario señalar no obstante que esta similitud que DuMarsais hace intervenir en el mecanismo de la metáfora no se sitúa, ni siquiera bajo una forma elíptica, en el nivel del lenguaje, sino «en la mente».

Para apreciar mejor las relaciones que existen entre la metáfora y la similitud conviene resaltar algunas diferencias evidentes. Primeramente podemos constatar que la similitud no forma parte de los tropos, «figuras por las que se otorga a una palabra una significación que no es precisamente la significación propia de esta palabra» (DuMarsais, *Tratado de los tropos*, I, 5)**. En efecto, el término introducido por la similitud conserva su sentido propio. Cuando Benjamín Constant escribe:

> ¿Será que la vida aparece aún más real cuando todas las ilusiones desaparecen, como la cima de las montañas se dibuja mejor en el horizonte cuando las nubes se disipan?
>
> (*Adolphe*, ed. Bornecque, París, Garnier, 1955, pág. 24)***.

la palabra «cima» no significa otra cosa que la representación de una cima; las palabras «montañas», «horizonte» y «nubes» conservan de igual manera su sentido propio. Con-

---

tase la idea de que la metáfora puede ser asimilada a la similitud y se opusiese a dejar a Quintiliano la responsabilidad de tal afirmación? Es muy poco probable. Por el contrario, la omisión de *quam* podría fácilmente explicarse por una inadvertencia del copista o por deterioro del manuscrito, causado por la humedad o por la polilla. En esta hipótesis, que sólo un estudio de la tradición manuscrita de las *Instituciones oratorias* podría invalidar o confirmar, la explicación clásica de la metáfora podría tener su origen en una corrupción del texto de Quintiliano. [*N. del T.*: Los autores de la versión española citada traducen la expresión «brevior *quam* similitudo», que ellos tomaron de la edición de Rollin, por: «(La metáfora es en un todo) más breve *que* la semejanza» (pág. 379, párrafo 3, L. 1).]
* Trad. esp. cit., pág. 220.
** Pág. 22, Ls. 1 a 3 de la traducción española.
*** *Adolfo*, traducción de Juan Lozoya, col. «Grandes novelas de la literatura universal», t. II, Barcelona, Éxito, 1961, pág. 375.

trariamente a la metáfora, la similitud no impone una transferencia de significación. Incluso a nivel de la simple información, las palabras empleadas por la similitud no pierden ninguno de los elementos de su significación propia. La imagen que introducen no puede considerarse como una imagen asociada; interviene a nivel de la comunicación lógica e intelectualizada. Ocurre a menudo que una frase entera no tenga más objeto que el de expresar una similitud. Benjamín Constant termina así el sexto capítulo de *Adolphe*:

> Hubiera querido contentar a Leonor con muestras de ternura; a veces iniciaba de nuevo con ella el lenguaje del amor; pero estas emociones y este lenguaje se parecían a esas hojas pálidas y descoloridas que, como un resto de vegetación fúnebre, crecen lánguidamente en las ramas de un árbol arrancado *.

Las dos representaciones permanecen distintas en el plano lógico; la aproximación operada entre las «emociones» y el «lenguaje» de Adolfo, por un lado, y las «hojas pálidas y descoloridas» por otro, no llega a la superposición de imágenes o a la identificación, como en los mecanismos de la metáfora y del símbolo. Las dos representaciones coexisten en un grado casi igual de intensidad; es cierto que la subordinación, por medio del instrumento de comparación, de la representación introducida por la similitud, establece una cierta jerarquía entre las dos representaciones; pero esto es sólo un hecho accesorio. El escritor conserva la posibilidad de atenuar esta jerarquización utilizando la similitud implícita, que hace innecesario el instrumento de comparación sin que por ello quede modificado lo esencial del mecanismo semántico. Por otra parte, este procedimiento no es específicamente literario, puesto que como más frecuentemente se manifiesta es por la inserción de un proverbio en la oración, rasgo habitual del lenguaje popular. En «no apostaré más en las carreras, gato escaldado del agua fría huye», la representación del gato es distinta de la que el hablante tiene de sí mismo, sin que sea expresado el instrumento de comparación. También es posible invertir la relación de subordinación, sobre todo en el caso en que la estructura de similitud se transforme por hipérbole en una estructura gramatical de *comparatio*. Cuando

---

* Trad. esp. cit., pág. 411. [*N. del T.*]

Voltaire pone en boca de uno de los personajes de *Micromé-gas*: «Nuestras cinco lunas son menos errantes que tú», la similitud transformada en *comparatio* es reforzada aún más por la inversión del orden de los dos términos: se provoca cierta brusquedad con la introducción de la imagen que la pone claramente de relieve.

* * *

Desde el punto de vista de quien recibe el mensaje, la similitud se distingue de la metáfora en que no se percibe en ella ninguna incompatibilidad semántica. En «mi alma es el espejo del universo» [28], la incompatibilidad se revela desde la palabra «espejo», ya que sabemos que el alma no es un espejo, en el sentido con que se emplea corrientemente esta palabra. Por el contrario, en «la naturaleza es como un vergel cuyas flores...» [29], la distinción establecida por «como» permite conservar una coherencia lógica, entendiendo «vergel» en su sentido propio, a pesar del carácter un poco fantasioso de la imagen. La incompatibilidad es la misma en la metáfora *in praesentia* —es decir cuando los dos términos son expresados y ligados por una relación atributiva o apositiva— que en la metáfora *in absentia*, en la que sólo aparece el término metafórico. Nada de esto se da en la comparación. Por consiguiente, a pesar de la semejanza de las estructuras gramaticales, es exagerado establecer un paralelo entre la metáfora *in praesentia* y la similitud.

La ausencia de desvío con respecto a la lógica habitual del lenguaje, tiene como resultado, de una manera aparentemente paradójica, el que la similitud ofrezca una materia más propicia a una crítica basada en fundamentos lógicos: es más fácil, apoyándose en criterios racionales, rechazar una similitud que una metáfora. Pero, en realidad, no hay aquí contradicción: el mecanismo de la metáfora impone una ruptura con la lógica habitual y, por ello, hace más difícil el examen lógico de la oración que lo utilice. Puesto que es conforme a la lógica más racional, la similitud se ve sometida a la crítica racional. Contrariamente a la metáfora, no perjudica a la nitidez de la elocución científica. Puede emplearse cuando se trata de convencer, pero, en

[28] Voltaire, *Micromégas*, en *Romans et Contes*, p. p. R. Groos, París, Gallimard, 1950, pág. 122. [*Zadig y Micromegas*, traducción española citada, pág. 202. *N. del T.*]
[29] *Ibíd.*, pág. 107. [Tradu. esp. cit., pág. 178.]

5

cuanto a la eficacia de la persuasión, es inferior a la metáfora.

Debido a que la representación que introduce se percibe en el plano de la comunicación lógica, la similitud no hace intervenir el mismo proceso de abstracción que la metáfora. De ello resulta un carácter más concreto de la imagen, unido al hecho de que la significación de la palabra portadora de la representación no tiene que ser amputada de una parte de sus elementos constitutivos. Mientras que el «león», que designaba metafóricamente a Hernani, perdía, a nivel de la información lógica, la mayor parte de los atributos que esta palabra expresa corrientemente, y que sólo le eran devueltos por la imagen asociada, la «cima», las «rocas», el «horizonte» y las nubes» conservan en la similitud de Benjamín Constant todos sus atributos habituales.

La distinción que el mecanismo de la similitud mantiene entre las dos representaciones confiere a la imagen una mayor solidez concreta, pero no le da la misma fuerza de persuasión que la identificación establecida por la metáfora. Podemos señalar la diferencia de los efectos producidos diciendo que la similitud se dirige a la imaginación por medio del intelecto, mientras que la metáfora afecta a la sensibilidad por medio de la imaginación.

* * *

Estas diferencias entre metáfora y similitud no deben hacernos despreciar lo que hay de común entre los dos mecanismos. Cuando DuMarsais explica que la metáfora se produce «en virtud de una comparación que está en el espíritu», hay que entender: «en virtud de una analogía». La analogía desempeña también un papel en el mecanismo de la similitud, lo mismo que en el de la metáfora o en el del símbolo. Si no hubiese inconveniente en excluir la metonimia, se podría definir la imagen como «la expresión lingüística de una analogía» [30]; esta definición da cuenta de lo que hay de común en la similitud, en la metáfora y en el símbolo.

Como la metáfora, la similitud expresa una analogía po-

---

[30] Véase Stehpen Ullmann, «L'image littéraire. Quelques questions de méthode», *Langue et littérature*, Actas del VIII Congreso de la Federación Internacional de Lenguas y Literaturas Modernas, París, Belles-Lettres, 1961, pág. 43.

niendo de relieve un atributo dominante. En una frase del tipo «es fuerte como un león», el atributo dominante que provoca la similitud está expresado de manera muy explícita; se trata de la fuerza. Incluso cuando el atributo dominante no está aislado tan claramente, se puede determinar fácilmente con frecuencia; así, por ejemplo, el incremento de la nitidez de la percepción en el primer ejemplo que hemos tomado de *Adolphe*: «La vida parece más real cuando todas las ilusiones desaparecen, como la cima de las rocas se dibuja mejor en el horizonte cuando las nubes se disipan»; la analogía está señalada por la correspondencia entre «parece más real» y «se dibuja mejor». En el otro ejemplo tomado de la misma novela, la analogía está expresada por lo que tienen de común los adjetivos «pálidos y descoloridos», «fúnebre» y el adverbio «lánguidamente», es decir, la tristeza y la falta de energía. Puede suceder, sin embargo, que el atributo dominante que articula una similitud no venga expresado, ni siquiera indicado, de manera implícita por la naturaleza de las realidades comparadas o por el contexto. Tal similitud, de la que los poetas surrealistas se sirven a veces, escapa al control de la interpretación lógica del mensaje; en este caso, el atributo dominante pertenece al nivel de la connotación, que es el de la imagen asociada, pero se deja al lector la posibilidad de elegir. Todavía aquí, la imprecisión de la denotación se traduce, como en el caso de la metáfora, en un mayor poder de sugerencia. El parentesco entre los efectos producidos no debe, empero, hacernos perder de vista la diferencia de los mecanismos empleados.

La analogía, expresada en la similitud por el instrumento de comparación e impuesta en la metáfora como único medio de suprimir la incompatibilidad semántica, se establece entre un elemento perteneciente a la isotopía del contexto y un elemento ajeno a esa isotopía y que, por esta razón, forma imagen. Este rasgo común a los dos tipos de presentación de la imagen es el que les ha hecho ser considerados por la retórica clásica como ornamentos del estilo. A decir verdad, el carácter ornamental es más sensible en el caso de la similitud, que permanece más concreta, ya que la imagen es perceptible en el plano de la comunicación lógica, y, al mismo tiempo, más distinta del objeto del mensaje, puesto que el acercamiento que ella produce no desemboca en la identificación sugerida por la metáfora.

Ver en el carácter ajeno a la isotopía del contexto un

rasgo constante de la imagen, sea imagen o similitud, no obliga a considerar como una excepción la llamada imagen recíproca; he aquí un ejemplo de este procedimiento, por el que Proust siente un cariño especial: el retrato del joven Teodoro termina con la representación de los ángeles esculpidos en el porche de Saint-André-des-Champs, descritos a su vez por la imagen de Teodoro [31]:

> Así pues, este muchacho, que era tomado, y con razón, por un sujeto tan malo, estaba tan penetrado del alma que había decorado Saint-André-des-Champs, y particularmente de los sentimientos de respeto que Francisca encontraba se debían a los «pobres enfermos», a «su pobre ama», que, al levantar la cabeza de mi tía sobre la almohada, ponía la cara ingenua y despierta de los angelitos de los bajorrelieves, que con un cirio en la mano, se arremolinan presurosos en torno a la Virgen desfalleciente, como si los rostros de piedra esculpida, grisáceos y desnudos como los bosques en invierno, fuesen sólo una ensoñación, un retraimiento presto a florecer de nuevo a la vida en inumerables rostros populares, reverentes y sagaces como el de Teodoro e iluminados con el rubor de una manzana madura.

Tenemos aquí dos isotopías distintas, la de Teodoro y la de los personajes representados en las esculturas, pero todo el esfuerzo del escritor consiste en establecer los lazos más estrechos entre ellas: el entrecruzamiento de las isotopías tiene por objeto producir, a nivel de la imagen asociada, una nueva isotopía que las reagrupe en su unidad, mientras que a nivel de la comunicación lógica las dos isotopías permanecen distintas. La imagen recíproca aparece, pues, netamente como una modificación de las isotopías.

Siendo la similitud, como la metáfora, la expresión de una analogía fundada en un atributo dominante, con una realidad ajena a la isotopía del contexto, es muy fácil pasar de una a otra. El hecho de introducir, por medio de una similitud, una imagen que será utilizada más tarde en una metáfora, reduce el efecto de sorpresa habitual de la misma; es un sistema que conviene a la presentación de una imagen cuyo destino es más explicativo que afectivo. En un capí-

---

[31] *Du côte de chez Swann*, ed. de la Pléïade, pág. 151. [Traducción española de Pedro Salinas: *En busca del tiempo perdido*, 1. «Por el camino de Swann», Madrid, Alianza, 4.ª ed., 1972, págs. 183-184. *N. del T.*]

tulo de *Micromégas* [32] en el que Voltaire introduce directamente las metáforas de «átomos», «insectos», y «mitos» para designar a los hombres, la imagen del «embudo» aparece en una similitud antes de servir de metáfora: «De un recorte de uña del dedo gordo hizo en el acto una especie de gran trompeta parlante como un largo embudo del que puso el pitorro en su oreja. La circunferencia del embudo envolvía al navío y a toda la tripulación.» La imagen del embudo desempeña algo más que una función explicativa: se dirije al intelecto, mientras que las metáforas de los «átomos», «insectos» y «mitos» tratan de provocar una reacción afectiva en el lector.

El paso de una estructura de similitud a una de metáfora, reuniendo el carácter lógico e intelectual de la similitud y la impresión de identificación de dos realidades ajenas que busca producir la metáfora, proporciona un instrumento particularmente adaptado a la presentación de una relación simbólica [33]. La analogía entre la moral y la medicina sirve a menudo en la literatura del siglo XVII francés para establecer una correspondencia simbólica [34]: la «Advertencia» que sirve de prefacio al *Roman Bourgeois* de Furetière así lo expresa:

> Lo mismo que hay médicos que purgan con pociones agradables, también existen libros gratos que dan advertencias muy útiles... El placer que sentimos al ridiculizar a los demás es lo que nos hace tragar suavemente esta medicina que tan saludable nos es... He aquí, lector, cómo te doy yo unas medicinas bien probadas.

La similitud de la primera frase obliga a examinar intelectualmente la analogía entre los «libros» y las «pociones»; esta analogía global de la moral y la medicina estará aún lo suficientemente presente en la mente del lector cuando se encuentre con las estructuras metafóricas como para que las interprete en función de una relación lógica de analogía.

---

[32] *Micromégas*, cap. VI, en *Romans et Contes*, págs. 116-1117. [Traducción española citada: pág. 194.]

[33] Por un camino muy distinto G. Bachelard llega a la misma conclusión: «Una comparación es a veces un símbolo incipiente, un símbolo que no ha alcanzado todavía su plena responsabilidad» (*La Flamme d'une Chandelle*, París, P.U.F., 1962, pág. 33).

[34] Cfr. Pascal, carta del 26 de enero de 1648 a Gilberte Pascal: «Como yo no pensaba tener esta enfermedad me oponía al remedio que me recomendaba.» M. de Rebours había creído descubrir en Pascal el orgullo de la razón.

Se ha señalado [35] que una visión del mundo basada en un conjunto de relaciones analógicas era particularmente favorable al empleo de la metáfora; en efecto, es, sobre todo, por las similitudes y los símbolos por lo que se interpreta de la manera más adecuada una trama de correspondencias percibidas intelectualmente en el universo. La verdadera metáfora necesita de mucha libertad para desarrollarse en el marco de una serie de analogías preestablecidas y obligatorias. Esta necesidad de libertad es lo que explica la devoción de los surrealistas por la metáfora que no sea más que metáfora y que rehúse ser símbolo.

De esta manera se dibuja una jerarquía entre las diferentes imágenes, entre los diferentes modos de presentación de la imagen. Superior por su riqueza de sugestión poética a la imagen intelectualizada del símbolo o de la similitud, la imagen introducida por la metáfora sigue siendo una imagen asociada, fuera del pensamiento lógico, fuente de ensueños y de emociones. A ella solamente reserva Gaston Bachelard el nombre de *imagen* [36]:

> Una *comparación* no es una *imagen*. Cuando Blaise de Vigenère *compara* el árbol a una llama, no hace más que juntar unas palabras sin alcanzar verdaderamente a dar las consonancias del vocabulario vegetal y del vocabulario de la llama. Tomemos nota de esta página, que nos parece un buen ejemplo de comparación prolija.
>
> Apenas Vigenère ha hablado de la llama de una vela, ya habla del árbol: «De forma parecida (a la llama) que tiene sus raíces ancladas en la tierra de la que toma su alimento, como el cabo de la vela toma el suyo de los sebos, cera o aceite que le hacen arder. El tallo que sorbe el jugo o la savia es igual que el cabo de vela, en el que el fuego se mantiene del líquido que atrae hacia sí, y la blanca llama son sus ramas y ramificaciones cubiertas de hojas; las flores y frutos a que tiende el fin último del árbol son la llama blanca a lo que todo termina por reducirse» [37].
>
> A lo largo de toda esta comparación nunca captaremos ninguno de los mil secretos ígneos que preparan lentamente la resplandeciente explosión de un árbol en flor.

Realmente, la similitud de Vigenère no se queda sólo en mera similitud; al final de su desarrollo, el acercamiento

---

[35] Jean Rousset, «la poésie baroque au temps de Malherbe: la métaphore». *XVIIe siècle*, 31 de abril de 1956, págs. 353-370.

[36] *La Flamme d'une chandelle*, pág. 71.

[37] Blaise de Vigenère, *Traité du feu et du sel*, París, 1628, pág. 17.

se convierte en identificación. Pero la relación del árbol y la llama, introducida por la similitud, es una relación captada intelectualmente: tenemos aquí un símbolo, no una metáfora.

* * *

Figura de pensamiento como la similitud, pero llevando la aproximación de dos realidades ajenas hasta la identificación, como la metáfora, el símbolo aparece claramente como un proceso intermedio entre la similitud y la metáfora.

Este análisis de las diferencias entre metáfora y similitud nos lleva a plantearnos el problema del método que conviene aplicar para el estudio de los hechos de este orden.

La sola existencia de estas diferencias permite comprobar los límites del método, tradicional desde Aristóteles, de una retórica fundada en la lógica. En efecto, en una perspectiva semejante no hay una verdadera diferencia: un término comparado (1) está ligado a un término comparador (2) por una analogía (3) que hace relación a un atributo dominante (4). La única distinción que podría establecerse a partir de una explicación de este tipo sólo marcaría una diferencia de presentación, apoyándose en criterios puramente formales. Ciertamente, de esta manera se llega a una explicación coherente, e incluso elegante.

La formulación más explícita de esta relación es la que contiene los cuatro términos:

Santiago es tan bestia como un burro   (I)
1   4   3   2

Haciendo la elipsis del adjetivo que expresa el atributo dominante, se obtiene una segunda formulación, que encubre la misma relación lógica:

Santiago es como un burro   (II)
1   3   2

Se comprende que sea grande la tentación de pasar de la anterior, a través de una elipsis, a una forma como la de la metáfora *in praesentia*:

71

Santiago es un burro   (III)
1   2

Bastará con una elipsis suplementaria, la del término comparado, para llegar a la metáfora *in absentia*:

¡Qué burro!   (IV)
2

Una presentación semejante produce la ilusión de una continuidad perfecta: cada una de las formulaciones se explicaría así por una transformación por elipsis aplicada a la formulación precedente; habría entonces una identidad de estructura profunda entre similitud y metáfora, constituyendo la metáfora *in praesentia* una etapa intermedia [38].

Desgraciadamente, esta cómoda explicación, sencilla y coherente no corresponde a la realidad. Es incluso evidente que esta comodidad, esta simplicidad y esta coherencia de una teoría inadecuada, son las que han impedido durante siglos todo posible avance del estudio sobre la naturaleza de la metáfora. Se ve bien cómo el estudio del lenguaje se ha metido en este callejón sin salida: para ello bastó con tener en cuenta únicamente su función lógica. Desde luego que, en cierta medida, el lenguaje es la expresión de un pensamiento que intenta conocer, captar y expresar la realidad y, para ello, le es necesario encerrarse en el estrecho marco de una lógica que es la única que puede garantizar la verdad de las aserciones y de los encadenamientos. Pero esta sumisión a la lógica no concierne únicamente a la función referencial. Naturalmente que existe una solución de facilidad que consiste en admitir que el objeto de la lingüística es solamente la función referencial y que todo lo demás es asunto de la estilística. De esta manera, se reduce la lingüística a una lógica formal y se eliminan *a priori* todas las verdaderas dificultades. A partir de aquí, basta con construir un modelo lógico que dé cuenta de cierto número de hechos del lenguaje, en los que la función referencial sea dominante hasta el punto de que las otras funciones sólo intervengan de manera apenas apreciable. Ante cada hecho que el modelo no consiga explicar, se remitirá a la estilística. Se construirá así un sistema cerrado y coherente cuyo único defecto será el de no corresponder

---

[38] Véase Danielle Bouverot, «Comparaison et métaphore», *Le Français Moderne*, 1969, págs. 132-147 y 224-238.

a la compleja realidad del objeto que pretende explicar. En la realidad el lenguaje no tiene esta transparencia que permitiría reducirlo a una simple lógica; si sólo fuera un instrumento de comunicación lógica, no podrían darse en él las metáforas. No sería posible transgredir las reglas de la compatibilidad semántica, que están fundadas en una lógica puramente referencial: yo no podría decir «me lo comía con los ojos», puesto que los ojos no tienen esa función. Sin embargo, en la realidad del lenguaje puedo decir «me lo comía con los ojos», y quien me escucha me comprende, a condición de que domine el español. La explicación lógica sirve para la similitud, porque el instrumento de comparación es un instrumento lógico; en cambio, no da cuenta de la metáfora.

Puesto que un estudio del lenguaje fundado sobre el postulado de que la comunicación lingüística es esencialmente referencial y, por tanto, necesariamente sometido a las reglas de la lógica más elemental, no permite aportar una solución al problema planteado por las diferencias existentes entre la metáfora y la similitud, es bastante normal intentar elaborar un método que renuncie a explicar el lenguaje mediante la estructura lógica del pensamiento, del que no sería más que el continente, y que se contente con construir un sistema lingüístico a partir de criterios puramente formales.

Si se piensa únicamente en el problema preciso que ha motivado estas reflexiones, no ofrece duda la utilidad de recurrir al criterio formal, ya que permite distinguir con toda seguridad la metáfora de la similitud. La metáfora se caracteriza por la ausencia del instrumento de comparación, que es la marca de la similitud. Sin embargo, no convendría exagerar la importancia del criterio formal pues, después de todo, la diferencia de forma entre la frase III y la frase II es del mismo tipo que la diferencia entre la II y la I, o que la diferencia entre la IV y la III. Las consideraciones a que nos ha llevado la distinción entre la similitud y la comparación en sentido estricto nos obligan a reconocer los límites del criterio suministrado por las estructuras superficiales. La identidad de estructura gramatical entre:

Santiago es más necio que Pedro

y

Santiago es más necio que un asno

no da idea de la enorme diferencia de significación. Mientras que la primera frase expresa una relación cuantitativa, la segunda no es más que la formulación hiperbólica de un juicio cualitativo. Por lo mismo, hay que reconocer que no hay diferencia formal entre metáfora y símbolo, mientras que las diferencias semánticas son considerables.

Las limitaciones de un sistema fundado únicamente en criterios formales aparecen claramente en el estudio de Christine Brooke-Rose, *A Grammar of Metaphor* [39]. Un análisis puramente gramatical y formal no permite distinguir la metáfora de la metonimia, y es significativo a este respecto que Brooke-Rose incluya en su categoría de las metáforas, por simple sustitución, unos hechos que incontestablemente pertenecen al campo de la metonimia del signo, como «la corona» y «el cetro» sirven para designar a la realeza. Lo que hace que la mayoría de las observaciones de Brooke-Rose sean, no obstante, pertinentes, es que casi siempre introduce en su análisis al componente semántico, que es el único que permite interpretar las estructuras formales.

Puesto que la explicación no puede venir ni del recurso a un modelo lógico ni de la simple observación de las diferencias formales, es necesario recurrir a una tercera vía, que sólo puede ser un análisis de los mecanismos semánticos, a condición, no obstante, de no reducir la semántica a un simple sistema lógico y de no querer extender el estudio de la significación a una descripción global del universo.

El estudio de los mecanismos semánticos es el examen de la relación que une una forma con una significación, es decir: el análisis del proceso mediante el cual lo que quiere expresar un hablante se convierte en una elocución. Ardua tarea, quizá incluso imposible, si nos limitásemos sólo a esto. Pues, después de todo, ¿qué es lo que me prueba que tal elocución de la que no soy autor corresponde precisamente al significado que yo le atribuyo? El estudio semántico sólo podría hacerse entonces a partir de la reconstitución problemática de un momento psicológico, sin posibilidad de comprobación. Pero el lenguaje es comunicación, transmisión de una significación de un emisor a un destinatario. A la «codificación» corresponde la «decodificación», que es más fácil de examinar puesto que está sujeta a experimentación. Afirmar que el lenguaje es comunicación obliga

---

[39] Londres, Seckeer and Warburg, 1958.

a admitir que existe una cierta simetría entre los dos procesos, y que el análisis de la «decodificación» permite llegar a los mecanismos semánticos. Los medios de analizar estas relaciones entre forma y significación son lo bastante diversos como para que la confrontación de los resultados obtenidos por cada método suministre un procedimiento de comprobación: no se trata, pues, de una reconstitución aventurada ni arbitraria, sino de una verdadera operación científica. Es evidente que podremos servirnos de un análisis basado en lo que Chomsky llama la competencia, es decir, de un procedimiento esencialmente instrospectivo, pero comprobable mediante el examen de los corpus y la utilización de los instrumentos lexicológicos; será útil también dedicarse a la comparación de distintas lenguas, sirviéndose de traducciones e inspirándose en los métodos de Mario Wandruska.

Esta investigación de los mecanismos semánticos proporcionará así el medio de pasar del examen de las estructuras superficiales —necesario pero insuficiente— a la determinación de las estructuras profundas organizadoras de la significación. No se trata de construir sistemas lógicos con un valor solamente referencial, sino de llegar a toda la complejidad de los procesos de la formación de la elocución y de las relaciones que ligan las formas con las motivaciones.

VII

LAS MOTIVACIONES DE LA METÁFORA

Una primera reflexión sobre la naturaleza de la metáfora y sus relaciones con lo que comúnmente se piensa sea la naturaleza del lenguaje, obliga a constatar una paradoja. El lenguaje, cuya función evidente es la de llamar a las cosas por su nombre, recurre en numerosas circunstancias a un procedimiento consistente en designar una realidad por un nombre que no es el suyo, sino que pertenece propiamente a otra realidad completamente distinta. El lenguaje de todo hombre razonable pretende ser lógico; la metáfora, en cambio, no lo es. Hemos visto que sólo porque es considerada como una ruptura con la lógica es por lo que puede ser interpretada correctamente por el destinatario del mensaje que la contiene. Es, pues, un mecanismo que se opone en cierta medida al funcionamiento normal del lenguaje, o, al menos, que constituye un desvío sensible en relación con la idea que se tiene de este funcionamiento habitual. Parece que este desvío haya sido siempre percibido, desde que hubo hombres que reflexionaron sobre el lenguaje. El nombre mismo de *metáfora* significa traslación y quien dice traslado dice desviación. Es cierto que para la retórica tradicional toda figura se opone al lenguaje habitual, incluso si no hay nada tan habitual como el recurrir a las figuras [40]. Pero lo que es cierto para las figuras en general, lo es aún más en la metáfora, que modifica la propia sustancia del

---

[40] Cfr. DuMarsais, *Tratado de los tropos,* I, 1: «Generalmente se dice que las figuras son formas de hablar alejadas de las que son naturales y ordinarias: que se trata de ciertos giros y maneras de expresarse que se apartan en algo de la forma de hablar corriente y sencilla... Por lo demás, lejos de que las figuras sean maneras de hablar distintas de las naturales y ordinarias, nada hay tan común y corriente como las figuras en el lenguaje de los hombres. [Trad. esp. cit., pág. 2.]

lenguaje considerado como normal desde un punto de vista puramente lógico.

La toma de conciencia de esta paradoja orienta necesariamente la reflexión hacia una necesidad de explicación: ¿por qué el lenguaje, instrumento de comunicación lógica, se desvía de la lógica de forma tan frecuente, hasta el punto de que ha constituido —y esto en todas las lenguas conocidas— un mecanismo fundado en este desvío? Siendo el lenguaje una actividad voluntaria, la búsqueda de una explicación se juntará con las motivaciones: ¿qué es lo que incita a salir del lenguaje de la clara lógica para recurrir a la metáfora?

La primera explicación es muy sencilla: se recurre a la metáfora porque no se *puede* proceder de otro modo. La metáfora sería una consecuencia de la pobreza de los medios del lenguaje, es decir, en definitiva, una de las muestras de la limitación de la mente humana. No es extraño que Pascal sugiera esta explicación: su perfil apologético le obliga a demostrar al lector las limitaciones y miserias de la condición humana. A este respecto es significativo que su juicio sobre la metáfora forme parte de su mayor trabajo sobre la «desproporción del hombre» [41].

> Y así, si somos simple materia, no podemos conocer absolutamente nada; y si estamos compuestos de espíritu y materia no podemos conocer perfectamente las cosas sencillas, espirituales o corporales.
>
> De aquí viene el que casi todos los filósofos confundan las ideas y las cosas y hablen espiritualmente de las cosas corporales y corporalmente de las cosas espirituales, pues dicen audazmente que los cuerpos tienden hacia abajo, aspiran a su centro, huyen de su destrucción, temen al vacío, tienen inclinaciones, simpatías y antipatías, cosas todas ellas que sólo pertenecen a los espíritus.

Por el contrario, nos sorprende más encontrar la misma explicación en el *Traité de Stylistique* de Charles Bally [42]:

> Cuantas veces podemos remontarnos a la fuente de una imagen, tropezamos con alguna limitación de la mente humana o con una de las necesidades a las que obedece el lenguaje.

[41] *Pensées*, ed. Lafuma, fr. 199. [Trad. esp. cit., págs. 62-63.] Véase M. Le Guern, *L'image dans l'oeuvre de Pascal*, París, Colin, 1969, páginas 52-53 y 209-210.

[42] Página 187.

La mayor imperfección de la que adolece nuestra mente es la de la incapacidad de abstracción absoluta, es decir, la de poder aislar un concepto, concebir una idea fuera de todo contacto con la realidad concreta. Asimilamos las nociones abstractas a los objetos de nuestras percepciones sensibles, porque es el único medio que tenemos de tener conocimiento de ellas y de hacerlas inteligibles a los otros. Este es el origen de la metáfora, que no es otra cosa que una comparación en la que la mente, engañada por la asociación de dos representaciones, confunde en un solo término la noción caracterizada y el objeto sensible tomado como punto de comparación.

Ciertamente, si queremos designar una realidad para la que no existe un término preciso nos veremos obligados a recurrir a una denominación figurada. Pero, en la realidad del lenguaje, no es a la metáfora a la que se confía corrientemente esta función suplente; más bien, se utilizan la perífrasis, la metonimia o la sinécdoque. En las clasificaciones de la retórica tradicional, existe, incluso, una categoría de figuras cuya función particular es ésta: es la *catacresis*, que DuMarsais explica así [43]:

Las lenguas más ricas carecen de un número de palabras suficiente para expresar cada idea particular con un término que sea solamente el signo propio de esta idea; así, nos vemos obligados, a menudo, a tomar prestada la palabra apropiada de alguna otra idea, que tiene la mayor relación posible con la que queremos expresar.

Pero, de hecho, la catacresis no es distinta a las otras figuras: en la mayoría de los casos es sólo una metonimia, y a veces es sólo metáfora [44].

Como los demás tropos, la metáfora puede, pues, en ausencia del término apropiado, desempeñar en la denominación esta función suplente: así, utilizamos la expresión metafórica «ojo de buey» para designar cierto tipo de ventana redonda. En otros casos, la metáfora proporciona el medio económico de sustitución de una perífrasis demasiado grande: en el habla corriente, «cola» tiende a generalizarse en detrimento de «fila de espera» sin que pueda atribuirse

---

[43] *Tratado de los tropos*, II, 1. [Trad. esp. cit., págs. 78-79.]
[44] Véase DuMarsais, *ibíd.*: «El segundo tipo de catacresis no es propiamente más que una especie de metáfora; tiene lugar cuando hay imitación y comparación, como cuando decimos *herrar de plata* (poner herraduras de plata), *hoja de papel*, etc.»

a esta utilización otra razón que la economía de esfuerzo y tiempo[45]. Estas metáforas tienden a lexicalizarse con bastante rapidez: son entonces consideradas, si no como el término apropiado, al menos como el término corriente.

Entre las metáforas aún en uso, escasean mucho las que sirven para paliar la ausencia del término preciso: esta función, como había visto ya DuMarsais[46], no nos suministra, pues, una explicación suficiente de la existencia de los tropos en general y de la metáfora en particular.

A decir verdad, no ha habido que esperar al siglo XVIII para enunciar otras motivaciones. Cicerón, en el tercer libro de *De Oratore*, consagra un gran espacio a los resultados obtenidos por la antigua retórica en esta búsqueda; he aquí lo esencial[47]:

> La expresión precisa tiene dificultades para dar bien cuenta de la cosa; por el contrario, la expresión metafórica aclara lo que queremos hacer comprender, y esto gracias a la comparación con el objeto, expresado por medio de una palabra que no es la apropiada...
>
> En todos los casos la metáfora debe ser empleada para dar mayor brillo... La metáfora expresa igualmente con mayor relieve la idea entera, ya se trate de un hecho o de una intención...
>
> Algunas veces también la metáfora permite ser concisa.
>
> Incluso cuando la lengua suministra gran abundancia de palabras pertenecientes exclusivamente a un objeto las expresiones tomadas gustan más, siempre que su empleo figurado se haga con gusto.

---

[45] Sin duda que la búsqueda de lo pintoresco tuvo algo que ver con empleos de una metáfora como ésta, pero ya no juega ningún papel en la mayoría de los empleos que la lengua hablada hace de ella.

[46] *Tratado de los tropos*, I, 7, 2: «Pero no hay que creer, con algunos Sabios, que los Tropos no hayan sido *inventados primero sólo por necesidad, a causa de la carencia y penuria de las palabras propias* y que hayan *contribuido después a la belleza y al ornato de la elocución, un poco como los vestidos, que en un principio fueron empleados para cubrir el cuerpo y protegerlo del frío y después han servido para embellecerlo y adornarlo.* Yo no creo que exista un número suficiente de palabras para suplir a las que faltan, que permita decir que tal haya sido el primero y principal uso de los Tropos.» [Trad. esp., págs. 53-54.]

En el texto citado y criticado por DuMarsais podemos reconocer el contenido de una frase de Cicerón (*De Oratore*, I, III, XXXVIII, 18). [*Diálogos del orador*, versión de Marcelino Menéndez y Pelayo, Biblioteca Clásica (t. XXVI), *Obras completas* de Marco Tulio Cicerón), Madrid, 1880, t. II Libro III, pág. 211. *N. del T.*]

[47] XXXVIII-154 a XLIII-169. [Versión citada, págs. 211-216.]

Estas observaciones son puramente intuitivas y no se apoyan en una teoría de la metáfora; la preocupación por la eficacia práctica está constantemente presente en la mente de Cicerón, pero se percibe, no obstante, que, en general, él ve en la metáfora un medio para agradar e impresionar.

Todos los retóricos clásicos repiten, aproximadamente, lo mismo que Cicerón. No obstante, encontramos un análisis más sistemático y más profundo en un libro que, sin embargo, no es un tratado de retórica: *La Logique* de Port-Royal. Se trata en ella del estilo figurado en general, pero está claro que estas consideraciones conciernen particularmente al empleo de la metáfora [48]:

> Es también de ese modo como podemos reconocer la diferencia entre estilo simple y estilo figurado y por qué los mismos pensamientos nos parecen mucho más vivos cuando son expresados por una figura que si estuviesen encerrados en expresiones más sencillas, debido a que las expresiones figuradas significan, además de la cosa principal, el movimiento pasional de quien habla, imprimiendo así una y otra idea en la mente, en vez de que una expresión sencilla haga ver la verdad pura y simple.

Esta frase expresa bien el carácter afectivo del lenguaje figurado, que sirve para expresar la emoción y hacerla compartir. Por cierto que esta idea será recogida con más nitidez aún por DuMarsais, cuyo *Tratado de los tropos* constituye la culminación de la retórica tradicional [49]:

> Los tropos dan más energía a nuestras expresiones. Cuando algún pensamiento nos impresiona fuertemente, rara vez nos expresamos con sencillez; el objeto que nos ocupa se nos presenta con las ideas accesorias que le acompañan; pronunciamos los nombres de las imágenes que nos impresionan: así, recurrimos, naturalmente, a los tropos, con lo que sucede que hacemos sentir mejor a los otros lo que nosotros sentimos: de aquí vienen estas maneras de hablar: «*está rojo de ira*», «*ha caído en un error de bulto*», «*marchitar la fama*», «*embriagarse de placer*», etc.

Es cierto que más tarde DuMarsais afirma que «los tropos adornan la elocución» y que «los tropos hacen la elocución más noble» poniendo estos empleos en el mismo plano

---

[48] Primera parte, cap. XIV.

[49] *Tratado de los tropos*, I, VII, II, 2. [Traducción citada, página 46.]

que el primero. Esta concepción, que ve en los tropos —y en la metáfora en particular— un adorno de la elocución, es constante en los tratados de retórica, pero es errónea en gran parte.

* * *

Para intentar dar una respuesta más completa a este problema de las motivaciones de la metáfora, lo más sencillo es constatar primeramente que si el lenguaje ha recurrido tan a menudo a este procedimiento es con el fin de alcanzar más cómodamente sus propios objetivos; bastará con pasar revista a las diversas funciones del lenguaje y examinar en qué medida ayuda la metáfora a cumplir cada una de ellas.

La retórica tradicional, y más especialmente la latina, de Cicerón a la *De Doctrina christiana* de San Agustín, atribuye tres funciones al lenguaje: *docere, placere, movere*[50]; *docere* es transmitir una información; *placere* puede ser entendido como la expresión de la función estética, a condición de que esta noción no se limite al lenguaje literario; finalmente, *movere* da cuenta de la función de persuasión o, si se prefiere, función conativa[51].

La primera función, *docere*, corresponde a la transmisión de una información lógica. Ya hemos visto[52] que la metáfora ofrece al lenguaje posibilidades de economía, proporcionando la formulación sintética de los elementos de significación pertenecientes al significado habitual de una palabra, que son compatibles con el nuevo significado impuesto por el contexto al empleo metafórico de esta palabra. Por la selección que opera entre los elementos de significación, la

---

[50] Este análisis no está en contradicción con la bipartición propuesta por Charles Bally en su *Traité de stylistique*: en su estudio Bally no se ocupa de los textos literarios; bajo el nombre de función afectiva agrupa a la función de persuasión y a los elementos estéticos del lenguaje no literario.

[51] Este método, que consiste en examinar las motivaciones de la metáfora con respecto a las tres funciones del lenguaje, prosigue en cierto modo el esfuerzo de la retórica tradicional, que tenía en cuenta esta distinción para la clasificación de las figuras del pensamiento. Dominique de Colonia, en su *De Arte Rhetorica*, comienza así la parte de *De Figuris Sententiarum*: «Inter figuras sententiarum aliae videntur aptiores ad movendum, aliae ad docendum, aliae ad delectandum.» (Entre las figuras de pensamiento, parece que unas fuesen más apropiadas para conmover, otras para informar y otras para agradar.)

[52] Véase más arriba, pág. 51.

metáfora permite aligerar la comunicación de cierto número de elementos que la recargan inútilmente. Al realzar el atributo dominante, permite insistir en un elemento necesario para una buena interpretación del mensaje. Estos diversos efectos producidos por la metáfora en el plano de la comunicación lógica son importantes pero no son plenamente conscientes, al menos en la mayoría de los hablantes; es, pues, posible que dudemos en ver aquí unas auténticas motivaciones de la metáfora.

Sin abandonar la función informativa del lenguaje, notamos otra función de la metáfora, sin duda menos frecuente, pero consciente y voluntaria. Se trata de la función de denominación. Al principio de este capítulo vimos que, en ciertos casos, la metáfora permite dar nombre a realidades a las que la lengua no suministra un término apropiado. La creación de estas metáforas, unida al proceso de lexicalización, es un medio importante de enriquecimiento del vocabulario de una lengua. Pero la metáfora no es el único medio que, en ausencia de un término apropiado, permite expresar un significado dado; es más, sólo es considerada como metáfora en los primeros empleos que de ella se hacen, antes de que la lexicalización la haya convertido en el término apropiado. Es decir, que tales empleos del mecanismo metafórico son poco numerosos, tan poco como para que constituyan solamente una motivación muy parcial de este mecanismo.

Si la metáfora permite dar nombre a una realidad a la que aún no corresponde un término apropiado, permite también designar las realidades que no pueden tener un término propio. Permite romper las fronteras del lenguaje y decir lo indecible. Por medio de la metáfora los místicos expresan lo indecible y traducen al lenguaje lo que excede al lenguaje. Las metáforas de la poesía amorosa, las de la expresión más corriente del amor menos literario, a condición de que no sean fórmulas estereotipadas de un lenguaje convenido, intentan a veces expresar también por medio del lenguaje más de lo que este lenguaje puede decir. El esfuerzo del poeta, que quiere traducir en palabras una aprehensión del universo que excede a la lógica y al lenguaje comunes, lleva igualmente a la metáfora. Superar con el lenguaje lo que puede decir el lenguaje de la más sencilla información lógica, para intentar dar una información de tipo superior, es lo que en poesía y dentro del lenguaje amoroso y religioso, procura una de las motivaciones más apremiantes al proceso metafórico.

Las metáforas del lenguaje religioso muestran, sin embargo, un carácter particular. En las metáforas del lenguaje corriente, lo mismo que en las similitudes, se escoge la imagen entre las representaciones que llevan a un grado eminente o particularmente notable el atributo que se desea resaltar: si yo digo de Nathalie que es un fuego fatuo, sin duda, quiero expresar con ello la movilidad constante de la más joven de mis hijas; pero, por muy marcada que sea, esta movilidad no será nunca la del fuego fatuo: esta metáfora es, pues, hiperbólica, como lo son la mayoría de las metáforas habituales. Por el contrario, la metáfora del lenguaje religioso se emparentaría más bien con la lítote. El Pseudo-Dionisio muestra que es legítimo llamar «Padre» a Dios, puesto que Él es más Padre que el padre de cada uno de nosotros. Por lo demás, esta concepción no es privativa del neo-platonismo y no podemos comprender de otra forma las metáforas bíblicas mediante las cuales Dios habla de sí mismo. La imagen asociada no tiene ya aquí el valor ejemplar que toma en las metáforas ordinarias; constituye una especie de intermediario entre la realidad trascendente e indecible que los medios del lenguaje no pueden expresar suficientemente y la experiencia cotidiana de las realidades humanas o materiales. El carácter atípico de estas metáforas religiosas hace que, no obstante, sea difícil ver en esto la motivación esencial del proceso metafórico.

La segunda función del lenguaje, *placere,* es aquella en donde se espera encontrar las motivaciones más importantes del empleo de la metáfora. Las metáforas son imágenes, y toda una tradición retórica y literaria ha querido ver en la imagen un «ornamento» del estilo. Podríamos tener la impresión de que esta función de *placere* concierne únicamente a la expresión literaria y ver en ello la diferencia específica entre lo que es literario y lo que no lo es; de aquí a considerar la obra literaria como un enunciado cualquiera al que nos hubiéramos contentado con añadir unos adornos, no habría más que un paso: estos adornos serían las figuras de retórica y, en primer lugar, la metáfora, la llamada reina de las figuras. Tal explicación, demasiado simplista, no tiene en cuenta la realidad compleja del lenguaje. La función estética del lenguaje no se limita a la expresión literaria: también es la manifestación de la preocupación habitual y loable de que el hablar sea un hablar bien, e, incluso, si es posible, un hablar bonito, sin el matiz irónico que toma a menudo esta expresión; es, sobre todo, el deseo de que el destinatario del mensaje se fije en él, es una especie de *captatio benevolentiae*. Raramente la estética del lenguaje es «el arte por el arte»; en general, mantiene una intención algo utilitaria.

Entre los medios que sirven para presentar una imagen, la metáfora es el que menos responde a una función de adorno. La similitud, que hace conservar a la imagen toda su consistencia concreta y la hace intervenir en el plano de la comunicación lógica, se adecua mejor a esta función. La metáfora cargada de una intención estética tiende a llamar la atención sobre lo ingenioso de la analogía en que se funda, de tal forma que esta analogía llega a ser captada intelectualmente; desde ese momento no tenemos ya una metáfora, sino un símbolo. La intención estética no lleva, pues, normalmente a la metáfora nueva y original; tampoco es su motivación. Que una metáfora nueva y original produzca un efecto estético no puede ponerse en duda, pero esto es un resultado y no una motivación suficiente.

Si la preocupación estética no basta para provocar el nacimiento de una metáfora nueva y original, debemos admitir que se manifiesta frecuentemente por el empleo de las metáforas de moda, que tienden a lexicalizarse, mientras que las similitudes correspondientes se convierten en desangelados clichés. Se recurre así, pues, a metáforas convencionales, metáforas para las que se ha convenido, en una sociedad dada, que sirvan de adorno al lenguaje. El preciosismo suministra innumerables ejemplos [53], pero no dispone de su monopolio. Los medios políticos tienen también sus metáforas de moda: «fuerza de disuasión» u otras expresiones similares aparecen desde hace algunos años en los contextos más variados. El arte militar, continúa siendo, de seguro, una de las fuentes más fecundas de metáforas convencionales. La preocupación estética, al incitar al empleo aún más frecuente de metáforas ya habituales, contribuye a su desgaste y, por este medio, a su desaparición como metáfora. La motivación estética puede incitar al empleo de tal o cual expresión figurada, pero no es realmente creadora de metáforas.

---

[53] Véase el *Dictionnaire des Précieuses* de Somaize. Puede observarse que las metáforas militares que contiene son particularmente numerosas.

Nos queda, por último, la tercera función del lenguaje: *movere,* es decir persuadir, conmover, provocar una reacción en el lector o en el oyente. Para convencer nos servimos del razonamiento, de la argumentación lógica, nos dirijimos primero al intelecto. Por el contrario, para persuadir hay que tocar primeramente la sensibilidad, provocar una reacción afectiva [54] La persuasión será tanto más eficaz cuanto menos numerosas sean las bases lógicas de que pueda disponer el intelecto para oponerse a ella. Nada como la metáfora corresponde mejor a tal exigencia. La imagen que ella introduce persiste como imagen asociada, incorporada a la sustancia del mensaje, pero ajena al plan lógico de la comunicación. Se puede criticar una comparación, rechazarla porque se rechace el razonamiento analógico que ella expresa [55]: puede uno negarse a admitir la correspondencia que funda un símbolo; pero no se pueden hacer objeciones a la metáfora. La poca fuerza de las objeciones de Voltaire [56] a los fragmentos de Pascal en los que éste utiliza la metáfora, demuestra que ésta escapa a la crítica racional, lo que le permite impresionar con mayor efecto a la sensibilidad.

Las metáforas más apropiadas para persuadir, las que provocan con mayor seguridad la reacción afectiva buscada, son las metáforas dinámicas, es decir, las marcadas por un movimiento que las hace transformarse. En lugar de cristalizar en alegoría y en símbolo, en virtud de correspondencias captadas por el intelecto y destinadas a suscitar una apreciación de orden estético, la imagen dinámica lleva, debido al movimiento que ella misma genera, a otra imagen, a un encadenamiento de imágenes. He aquí un ejemplo muy sencillo, tomado de Pascal [57]:

---

[54] Sobre la oposición entre *convencer* y *persuadir,* deben leerse las *Consideraciones sobre la geometría en general* de Pascal y particularmente, «El arte de persuadir».

[55] En el undécimo libro de *L'Histoire comique de Francion,* Charles Sorel critica acertadamente las «comparaciones tan extemporáneas que parecen los delirios de un hombre con fiebre o el lenguaje del Emperador de las casas de tolerancia» en los resúmenes de las cartas de Jean-Louis Guez de Balzac que pone en boca del pedante Hortensius. Cuando Hortensius dice que «el latín, lo mismo que la pasamanería de Milán, sería más bien testimonio de nuestro lujo que efecto de nuestra necesidad», Francion le responde: «tened en cuenta que el latín no tiene nada que ver con la pasamanería». (En *Romanciers du XVIIe siècle,* ed. Adam, París, Gallimard, 1962, página 425.)

[56] *Cartas filosóficas,* carta 25.

[57] *Pensées,* 166. [Cfr. trad. esp. cit.]

Corremos despreocupados ante el precipicio, después de haber colocado delante de nosotros algo que nos impida verle.

¡Andemos aquí con cuidado! No se trata de un gran cuadro compuesto, sino de una serie de metáforas encadenadas en la que cada una provoca la siguiente. Esta es toda la diferencia entre la fría alegoría y la imagen dinámica: cada metáfora añade una nueva carga afectiva a la impresión producida por la precedente, y se gana al oyente o al lector con una especie de argumentos en serie que el razonamiento lógico no podría controlar. Sl movimiento nos transporta, como en este otro ejemplo tomado también de Pascal [58]:

> Nos quema el deseo de encontrar un asidero firme y una última base, constante, para construir sobre ella una torre que se eleve hasta el infinito, pero todo nuestro sistema se desmorona y la tierra se abre hasta los abismos.

La metáfora que brota espontáneamente provoca un sentimiento porque expresa un sentimiento: es uno de los medios más eficaces para transmitir una emoción. Casi todas las metáforas expresan un juicio de valor porque la imagen asociada que introducen provoca una reacción afectiva. El hecho de que esta imagen quede al margen del plano de la comunicación lógica impide a la censura lógica neutralizar el movimiento afectivo que la acompaña. La metáfora tiene casi siempre por función expresar un sentimiento que intenta sea compartido: es aquí en donde debe verse la más importante de sus motivaciones.

Esta búsqueda de las motivaciones de la metáfora emprendió un análisis de las funciones del lenguaje que la lingüística ha superado. Quizá convenga revisarla, examinando estos primeros resultados a la luz de una teoría más elaborada de las funciones del lenguaje, la que Roman Jakobson expone en su artículo «Lingüística y poética» [59]. La función referencial, que remite al contexto, es decir, a la realidad exterior al remitente y al destinatario del mensaje, se atenúa cuando se pasa del término apropiado a la expresión metafórica. La función fática, que establece el contacto necesario a la comunicación, no queda modificada de forma

---

[58] *Pensées*, 199. [Trad. esp. cit., pág. 60.]
[59] En *Essais de linguistique générale*, París, ed. de Minuit, 1963, páginas 210-248. [Trad. esp. cit., págs. 125-173.]

sensible. La función poética, que concierne a la sustancia del propio mensaje, desempeña un cierto cometido, aunque no es determinante. La función metalingüística, que centra la elocución en el código, es la que hace posible la metáfora, pero sin motivarla. Las motivaciones esenciales de la metáfora vienen, pues, de la función emotiva, centrada en el remitente, o de la función conativa, que es la orientación hacia el destinatario. Podemos decir que, esencialmente, la metáfora sirve para expresar una emoción o un sentimiento, que intenta sean compartidos.

VIII

LAS MOTIVACIONES DE LA METONIMIA

Podríamos pensar en aplicar a la investigación de las motivaciones de la metonimia el mismo sistema analítico que para la metáfora, pero el problema no se plantea en los mismos términos. Mientras que la metáfora es percibida siempre por el hablante y su destinatario como un desvío, a menos que alcance un grado avanzado de lexicalización, la mayor parte de las metonimias pasan desapercibidas en las condiciones normales de comunicación y sólo son descubiertas mediante un análisis lingüístico o estilístico. Puesto que la metonimia no es necesariamente percibida como una transferencia de denominación por quien la emplea, es menos necesario buscar cuáles son sus motivaciones conscientes y voluntarias.

Después de haber enumerado las diversas razones que se pueden tener para servirse de la metáfora, Cicerón se muestra mucho más reservado cuando se trata de la metonimia: «*ornandi causa propium commutatum*», «con la intención de adornar se pone una palabra propia en lugar de otra palabra propia»] [60]. Los ejemplos que cita a continuación no dejan ninguna duda de que se refiere a la metonimia; podemos observar de pasada que esta manera de caracterizar a la metonimia concuerda con la descripción que nosotros hemos dado de ella: el término metonímico sigue siendo de alguna manera «una palabra propia», puesto que su sustancia sémica no queda alterada.

Pero ver en esto sólo un ornato no parece suficiente para justificar el recurso a este particular· mecanismo, que ya hemos analizado como un traslado de referencia según una relación de la que se habría hecho elipsis en la elocución. Y, sin embargo, aún siendo limitada, la observación de Ci-

---

[60] *De Oratore*, III, XLII. [Trad. esp. cit., pág. 215.]

cerón es pertinente. Adornar la elocución es otorgarle un componente estético, es responder a la función de *delectare*; por consiguiente, es darle un carácter de «literaturidad». Nótese asimismo que el recurso al mecanismo metonímico aparece en muchos casos como la trama constante de la escritura literaria, cualquiera que sea la estética particular a la que se adscriba el escritor. Para convencerse de lo dicho, basta con leer cualquier página de los autores clásicos. Es cierto que el desvío respecto al funcionamiento normal de la referencia disminuye la atención prestada a las cosas, en beneficio de una atención más fija hacia las palabras: de ello resulta una revigorización de la función poética, como ya señalaba Crevier en el capítulo de su *Rhétorique française* consagrado a la metonimia y a la sinécdoque [61]:

> Estas mismas figuras sirven también para adornar... Pero yo entiendo aquí por ornato lo que da cierto lustre. Si decís de un hombre avaro en grado sumo que *es la avaricia en persona*, vuestra expresión, que pone lo abstracto por lo concreto, adquiere de ese modo una gran fuerza. Cuando habiendo dicho Boileau:
> «Cada clima produce los favoritos de Marte:
> El Sena tiene Borbones, el Tíber tiene Césares»; y en otros lugares:
> «Pisotear el orgullo del Tajo y del Tíber»; si vosotros repitiéseis las expresiones simples y dijérais *grandes guerreros, Francia, La Roma antigua, los españoles* o *los italianos*, haríais que estos hermosos versos perdiesen mucho de su gracia y de su valor.

Al mismo tiempo que realza la sustancia formal del mensaje, la metonimia completa la función referencial normal del lenguaje, superponiendo a la designación de la realidad descrita una información sobre la forma especial en que el hablante concibe esta realidad. En resumen, la metonimia sirve para expresar una forma de ver, de sentir, como tan bien lo ha analizado Albert Henry en su libro *Métonymie et métaphore* [62]:

---

[61] París, 1755, t. II, pág. 111.
[62] París, *Klincksieck*, 1971, pág. 30. Sentimos que la ausencia de una distinción suficientemente clara entre la significación lingüística y la referencia (cfr. Gottlob Frege, «Sinn und Bedeutung», *Zeitschrift für Philosophie und philosophische Kritik*, 1892, páginas 25-50. [*Sobre sentido y significado*, traducción española de Car-

Al principio (de la puesta en marcha del mecanismo), a menudo, se produce una percepción selectiva en acto. Funck-Brentano ha recordado una frase de la marquesa de Brinvilliers, a la que K. Nyrop considera, con razón, una figura eficaz. Sosteniendo un cofrecito en la mano, la célebre envenenadora decía un día a una de sus sirvientas «que tenía allí con qué vengarse de sus enemigos, y que había en esta cajita muchas sucesiones». Por el nombre que expresa la consecuencia, indirecta, la Brinvilliers evocaba la causa: metonimia que, afortunadamente, no se ha mantenido. Pero ¡qué bien se ve su origen en la psicología del personaje, cuya atención estaba totalmente centrada en los objetivos que se proponía alcanzar..., puesto que ya no tenía que preocuparse por los medios! Estamos lejos de la pereza de pensamiento y de la de expresión. Lo expresivo de esta construcción es infalible, porque, de forma sintética, evoca toda una serie de relaciones y prolongaciones.

El desplazamiento de referencia mediante el cual la Brinvilliers designa a los venenos con el nombre de «sucesiones» no es producto únicamente, como lo ha sabido ver Albert Henry, de la acción del lenguaje. Es anterior al acto de hablar; existe desde que la envenenadora piensa en el contenido de su cofrecito, y la metonimia no hace más que traducir al lenguaje una realidad psicológica autónoma, extralingüística. También Charles Bally [63] había visto que el desplazamiento de referencia era anterior a su inscripción en el lenguaje. Para él, el origen de la metonimia no es más que un error de percepción:

> Quien dijo por primera vez: «He aquí una *vela*» al ver un barco de *vela*, lo hizo porque, positivamente, viendo el barco sólo miraba a la vela; se ha dicho que esto era hacer una *sinécdoque*. Resulta un análisis imperfecto cuando confundimos dos cosas distintas, pero unidas por un nexo constante, por ejemplo: cuando designamos el contenido por el continente. Quién dijo por primera vez: «Un vaso de vino» en lugar de «el vino contenido en un vaso» cometió una falta de análisis: a esto se le ha llamado hacer una *metonimia*.

los R. Luis y Carlos Pereda, Madrid, Tecnos, 1974, págs. 31-52. *N. del T.*]), así como el incompleto conocimiento de la teoría de Jakobson, hayan impedido que los análisis tan justos y penetrantes de Albert Henry conduzcan a una teoría de la metonimia satisfactoria para el semantista. Es cierto que de lo contrario este libro no tendría razón de ser. Respecto a las aplicaciones estilísticas nuestro trabajo no podría dispensar de tener que recurrir al libro de A. Henry.
[63] *Traité de stylistique*, págs. 188-189.

No obstante, podemos pensar que Bally va demasiado lejos cuando explica, por la «pereza de pensamiento», los procesos psicológicos originarios de la metonimia y de la sinécdoque. La verdad es, sin duda, más compleja y, puesto que nadie ha analizado mejor que Albert Henry este aspecto del mecanismo metonímico, no dudamos en reproducir la página fundamental en donde generaliza su observación [64]:

En un primer momento se produce una síntesis perceptiva, centrándose el interés en uno u otro aspecto de las cosas en la mente. También en ese momento tiene importancia la libertad de la mente, que puede abordar todos los espectáculos por caminos muy diversos, o, más bien, que puede barrer su propia sustancia según modalidades variadas, siguiendo intereses esenciales o contingentes. Como decía Valéry: «La Realidad común es un caso particular del mundo nervioso: o, más bien, un estado, un momento, una frecuencia, un régimen, un sistema de valores...» La operación fundamental de la mente es una focalización: apunta, concentra (focaliza) o diluye (desfocaliza) su haz inquisidor o esclarecedor según sus preocupaciones o sus intenciones.

* * *

Nuestro análisis de la metonimia nos llevaba a ver ahí una elipsis. Puede pensarse con fundamento que este aspecto no es ajeno a ciertas posibilidades de motivación. Por cierto que Crevier [65] explicaba de esta manera el recurso a la metonimia:

Sirve también para abreviar la expresión: lo que generalmente los hombres cuidan mucho. Decimos: *una persa*, para significar una tela fabricada en Persia; *un Damasco*, por un tejido de seda trabajado conforme al modelo de los que originariamente nos vienen de la ciudad de *Damasco*; *una Fayance*, por una vajilla de terracota, cuya invención y uso proceden de *Fayance (Faenza)*, ciudad de Italia *.

Entre las motivaciones, conscientes o inconscientes, del recurso al mecanismo metonímico, ocupa, sin duda, un lugar importante esta búsqueda de una expresión más con-

---

[64] *Métonymie et métaphore*, pág. 23.
[65] *Rhétorique française*, pág. 110.
* En español se dice «un Rioja» para referirse a un vino originario de esa región y «un Goya» para aludir a un cuadro de este pintor. [*N. del T.*]

cisa. Bally la explica por la «pereza de expresión», que va así en la misma dirección que la «pereza de pensamiento»; «si la percepción fuese más clara exigiría una expresión más extensa y más minuciosa». Pero esta búsqueda de una expresión más concisa no es solamente producto de «la pereza lingüística», de la tendencia al menor esfuerzo. A veces, es también signo de preocupación por dar, a través de la abreviación, la mayor energía posible a la expresión: así pues, el empleo de la metonimia no es ajeno a la función afectiva del lenguaje.

El hecho de que la metonimia se explique por una elipsis permite dar cuenta de otra de sus motivaciones. Para paliar las insuficiencias del vocabulario se recurre con toda naturalidad al mecanismo metonímico. Si un objeto no tiene nombre en la lengua, podremos siempre designarlo por una perífrasis más o menos larga; pero este es un medio poco económico, cuyo engorro perjudica a la eficacia de la comunicación. Más expeditivo será designar este objeto por otro objeto que guarde con él una relación evidente. Ya la retórica tradicional había observado que la mayor parte de las catacresis recurren al mecanismo metonímico.

* * *

Más aún que en el caso de la metáfora, el creador de una metonimia no tiene muy a menudo conciencia clara de sus motivaciones, porque la mayoría de las veces ni siquiera se da cuenta del hecho de que su formulación constituye un desvío con respecto a la denominación normal. Ya Crevier advertía que «se hacen metonimias y sinécdoques sin quererlo ni saberlo». Desde luego que al hacer un estudio psicolingüístico de estos mecanismos habrá que tener en cuenta esta importante diferencia entre metáfora y metonimia, de la misma manera que en el análisis **estilístico** hay que tener en cuenta los hechos relacionados con ella.

IX

LA LEXICALIZACIÓN DE LA METÁFORA

Hasta hoy día hemos visto sobre todo a la metáfora como un hecho individual del lenguaje, tomado en un momento dado de la evolución histórica de la lengua. La lengua, según la célebre distinción de Ferdinand de Saussure, es el conjunto de medios cuyo empleo por cada persona que habla o escribe constituye el lenguaje. Si consideramos las relaciones que los unen únicamente desde el punto de vista sincrónico, los cambios se realizan en sentido único: de la lengua al lenguaje. Pero la lengua es un organismo viviente que evoluciona continuamente, y sería resignarnos a no comprender nada si renunciásemos a seguirla en su progresión histórica; el estudio sincrónico no puede explicar nada sin la ayuda de una perspectiva diacrónica. La elección de esta perspectiva histórica permite comprobar que las relaciones entre lengua y lenguaje no se hacen en sentido único y considerar en qué forma contribuye a su vez el lenguaje a la evolución y enriquecimiento de la lengua, en particular mediante el proceso de lexicalización de la metáfora.

La evolución histórica de una metáfora puede esquematizarse así: creación individual, en un hecho lingüístico primero y único, después repetido, que es tomada por mimetismo en un medio preciso y su empleo tiende a ser cada vez más frecuente en este medio o en un género literario dado, antes de generalizarse en la lengua; a medida que se desarrolla este proceso, la imagen se atenúa progresivamente, convirtiéndose primero en «imagen afectiva» y después en «imagen muerta», según la terminología de Charles Bally. La evolución alcanza su último grado cuando la metáfora se convierte en una palabra propia.

En realidad, esto es solamente un esquema teórico que sólo se refiere a un número muy pequeño de metáforas de entre todas las que crea el lenguaje. Sin embargo, este proceso desempeña un papel considerable en la creación y evolución del vocabulario, ya que una parte importante de las palabras que utilizamos está constituida por un conjunto de aportaciones sucesivas producidas por la lexicalización de las metáforas. De hecho, en una metáfora dada la evolución puede pararse en cualquier etapa del esquema. Alguna metáfora podrá continuar siendo considerada como la creación original de un temperamento individual; la metáfora de la caña pensante nos remite a Pascal. La evolución de alguna otra metáfora terminará con su generalización en un medio o en un género literario: el empleo metafórico de *segar* en el sentido de «matar» es bastante frecuente en la lengua poética del siglo XVIII, por imitación de Racine, pero este primer grado de lexicalización, atestiguado por los diccionarios posteriores a 1720, aproximadamente, ha sido el único. La metáfora de la *llama*, que designa al amor, ha alcanzado una generalización más extensa: en el siglo XVII se la encuentra en las obras más diversas y en los tonos más variados, en la mayoría de los autores clásicos. Pero este ejemplo muestra que la lexicalización de la metáfora puede también sufrir una evolución regresiva. Hoy día, ya casi no se emplea «llama» con esta significación, a no ser con una intención paródica, que no sería posible si la metáfora fuese considerada aún como normal; tenemos, pues, aquí una deslexicalización de la metáfora.

El ejemplo más corriente de una metáfora que haya alcanzado el último grado de lexicalización es el de la palabra francesa «tête» (cabeza). No estará de más que nos detengamos a considerar su larga historia. En el latín clásico la parte del cuerpo en donde están los ojos y la boca se denominaba con el sustantivo *caput*, usado ya con bastante frecuencia para designar por metáfora a la persona que dirigía un grupo o una organización. En el latín vulgar, desde el período clásico y quizá incluso antes, se llega a sustituir *caput* por una metáfora bromista: *testa*, nombre de un pequeño recipiente de tierra cocida. Es casi la misma expresión guasona que encontramos hoy en el dicho popular francés «tu en fais une drôle de fiole!» En el momento de la colonización romana de las Galias la metáfora *testa* se generalizó en la lengua de los soldados y veteranos para designar la cabeza, hasta el punto de que los galos pudieron tomarla por el término propio, sobre todo si no conocían el primer sentido de la palabra. El francés antiguo posee así dos términos para denominar la cabeza: *chef* y *teste*.

94

El primero de los dos términos sirve también para designar a la persona que manda, gracias a una metáfora que ha alcanzado semejante grado de lexicalización que ya no es percibida como tal y tiende a especializarse en esta utilización, dejando a la palabra «tête» los empleos en los que compite con ella, excepto en ciertas expresiones ya consagradas como *couvre-chef* (sombrero). Hoy día, la única palabra apropiada en francés es «tête» y su origen metafórico no podría ser ni tan siquiera imaginado por alguien que no conociese su etimología.

A partir de esta significación, la palabra «tête» ha sido utilizada a su vez en numerosas metáforas, de las que algunas han llegado a un cierto grado de lexicalización. Un examen de las diversas acepciones de la palabra «tête» que se encuentran en el diccionario «Robert» permitirá hacerse una idea más concreta de la importancia del proceso metafórico en la evolución semántica:

I. 1.º *Zool.* Parte, extremidad anterior (y también superior en los animales de posición vertical) del cuerpo de los artiozoarios, en la que se encuentran la boca y los principales órganos sensoriales, nombrada de esta manera cuando esta parte está bien diferenciada y pueda ser fácilmente reconocible.

2.º Parte superior del cuerpo del hombre, en la que están contenidos el cerebro y los principales órganos sensoriales, que es de forma redondeada y se une al tronco por el cuello...

Este es el sentido propio de la palabra.

3.º *Por exten.* (La cabeza que representa a la persona en su totalidad)...

4.º *Por exten.* (Una cabeza que representa a un solo individuo)...

Estas formas de utilización corresponden al mecanismo de la sinécdoque, en que la parte se toma por el todo.

5.º *Por exten.* (La cabeza considerada como la parte vital)...

Esta relación es metonímica.

6.º *Especial.* Parte de la cabeza en donde crece el cabello ..

7.º *Especial.* El semblante, en cuanto a los rasgos y a la expresión...

Éstas todavía son sinécdoques, al tomarse el todo por la parte.

8.º Representación de esta parte del cuerpo del hombre, de los animales superiores...

9.º Medida de esta parte del cuerpo en el hombre y en el caballo...

10.º Cabeza maquillada y adornada para divertirse...

11.º *Por exten.* Parte de una cosa en donde se coloca la cabeza.

12.º *Por exten.* Cornamenta o cuernos de los animales silvestres (ciervo, gamo, corzo)...

Todas estas utilizaciones se explican por el desplazamiento de referencia que caracteriza al mecanismo metonímico.

II. *Tête de mort* (calavera) = 1.º Esqueleto que proviene de la cabeza de un muerto...

Es una sinécdoque.

2.º Emblema de la muerte, representación de este esqueleto en metal, etc...

Empleo metonímico.

3.º (Forma defectiva por: *cabeza de moro,* a causa del color). Queso de Holanda.

Vemos aquí una metáfora, en donde el empleo de la palabra «cabeza» se explica», sin duda, por la forma del queso.

III. La cabeza, considerada como sede del pensamiento del hombre:

Todas las utilizaciones enumeradas en esta rúbrica se explican por un proceso metonímico.

IV. Fig. Persona que concibe y dirige (lo mismo que el cerebro hace moverse al cuerpo)...

Esta es una utilización metafórica; el elemento analógico está expresado explícitamente en la definición.

V. (*Por anal. de situación y de forma*). 1.º Parte superior de una cosa, especialmente cuando es redondeada...

Esta utilización se explica por un proceso metafórico que retiene los semas de superioridad y de forma redondeada.

> 2.º Parte terminal, extremidad de una cosa, voluminosa y redondeada.

Utilización metafórica que retiene los semas de extremidad y de forma redondeada.

> VI. (Por anal. con la cabeza que aparece en primer lugar en el sentido de la marcha).

Las utilizaciones enumeradas en esta rúbrica hacen intervenir el mecanismo metafórico que retiene el sema de anterioridad, excepto en dos casos, en donde el sema de anterioridad se combina con el de superioridad:

> 2.º b) *Por exten.* Primer lugar en una clasificación en una competición cualquiera...
> d) Lugar de quien dirige (*fig.*), ordena.

Todas las utilizaciones clasificadas en II 3.º, IV, V y VI son casos de lexicalización de la metáfora. Se explican por la utilización de los semas constitutivos del lexema, y se oponen claramente a las utilizaciones de origen metonímico (o sinecdótico, lo que hace que intervenga el mismo mecanismo), de los que no se puede dar cuenta a partir de los elementos de significación; es fácil constatar que todas estas utilizaciones metonímicas están fundadas en un desplazamiento de referencia operado a partir de la representación mental, extralingüística, de la cabeza.

El proceso más frecuente no es el cambio de significación de una palabra aislada, sino la lexicalización de un grupo de palabras que tiende a cristalizar en una utilización determinada sin posibilidad de segmentación. El último grado de la evolución se alcanza en este caso cuando se llega a una palabra compuesta, percibida como una nueva entidad totalmente distinta de sus elementos constitutivos. El empleo de «tête de mort» (calavera) para designar un queso de Holanda pertenece a esta categoría. La lengua francesa posee un cierto número de palabras compuestas que contienen el nombre de un animal, pero que ya casi no hacen pensar en él: «oeil-de-boeuf» («ojo de buey»); «bec-de-cane» (tipo de picaporte); «queue de rat» (pelo ralo); «pied de poule» (dibujo de «pata de gallo», en un traje) «langues de chat» («lenguas de gato»); «tête de loup» (escobón deshollinador) [66], etc.

Para hablar de lexicalización de una expresión metafórica es evidente que no es necesario haber alcanzado tal grado de evolución. Podemos estimar que hay lexicalización, a partir del momento en que la sustitución de uno de los elementos de la expresión por un sinónimo produce una impresión de sorpresa, de extrañeza o de torpeza: además, este es un medio cómodo para dar a la imagen una nitidez que la lexicalización siempre ha velado un poco. Modificar el giro francés consagrado, «marquer d'une pierre blanche» (jalonar con una piedra blanca) por la sustitución del sinónimo «guijarro», «jalonar con un guijarro blanco» [67], añade a la expresión una nota pintoresca al provocar cierta deslexicalización de la metáfora.

Esta categoría de las expresiones metafóricas lexicalizadas comprende gran número de expresiones proverbiales, a las que no es posible modificar sin dar la sensación de cierta impropiedad que puede llegar a la bufonada o a un ridículo supino. No se nos ocurriría reemplazar, «enseñar pata blanca» (mostrar buenas credenciales) por «enseñar pierna blanca», «enseñar pie blanco» o «enseñar mano blanca», a menos de querer producir un efecto grotesco. Llegaríamos a un resultado parecido diciendo: «sacar de bisagras», en lugar de «sacar de quicio». La unidad lexicalizada no es, pues, la palabra, sino el grupo de palabras, del que no se puede cambiar ningún elemento sin dar la impresión de cometer un desliz con respecto al uso generalmente aceptado. En la frase: «se quedó de piedra» no es *quedarse de piedra* lo que constituye la expresión metafórica lexicalizada, puesto que se puede decir también: «era de piedra», sino el grupo *de piedra*, que para traducir la impasibilidad no puede reemplazarse por su equivalente *en piedra* sin dar la impresión de haber cometido una falta de lenguaje. Además, podemos observar que el giro *de piedra* tiende a especializarse en el empleo metafórico para expresar la impa-

---

[66] Pueden encontrarse bastantes más ejemplos, analizados con gran acierto, en Pierre Guiraud, *Structures étymologiques du lexique français*, París, Larousse, 1967. [En español se emplean «ojo de perdiz» (dibujo de traje masculino), «diente de león» (planta), «carne de gallina», o «cabeza de chorlito» (persona de poco juicio). *N. del T.*]

[67] Entrevista con el Presidente de Francia M. Georges Pompidou radiada el 11 de agosto de 1970, cuando él se encontraba de vacaciones. [En español podría pensarse en: «tiene un historial *reluciente*» (por «tiene un historial *brillante*»). *N. del T.*]

sibilidad, mientras que se prefiere decir *en piedra* si se trata de precisar la materia de la que está hecho un objeto. El grado de lexicalización alcanzado por la metáfora *de piedra* ha quitado ciertamente a la imagen buena parte de su viveza, pero no la ha destruido. No hay que confundir metáfora lexicalizada e «imagen muerta», en el sentido que le da Bally. Un ejemplo particularmente interesante de la metáfora lexicalizada que sigue originando una imagen nos lo da el sustantivo francés *aveuglement*. En el siglo XVII, como atestigua el *Diccionario* de Furetière, esta palabra servía aún para designar el hecho de ser ciego (*être aveugle*), pero en nuestros días ha sido totalmente suplantada en este uso por el término de origen erudito *cécité* (ceguera). No obstante, continúa formando imagen y su parentesco con el adjetivo *aveugle* sigue siendo reconocido.

La lexicalización no lleva consigo la desaparición total de la imagen más que en ciertas condiciones particulares, de las que son ejemplos muy claros las palabras *chef* (jefe) y *tête* (cabeza). El primer caso, el de *testa*, es aquel en que la realidad designada por el sentido propio de la palabra es mucho más rara que la designada por el sentido metafórico: hay motivos para pensar que el recipiente llamado testa era, si no desconocido, al menos muy raro en las Galias en la época de la colonización romana; cuando el empleo del sentido figurado es frecuente, lo que hace olvidar este valor es la rareza de los usos del sentido propio. El segundo caso, el de *chef*, supone una evolución más larga: la existencia del doblete *chef-tête* ha permitido una especialización de los usos que ha privado a la palabra *chef* de un sentido propio que ha sido asumido por la palabra *tête*. Debe, además, observarse que la desaparición total de la imagen sólo se produce en este caso en ausencia de un nexo etimológico, que se percibe siempre, entre la palabra especializada en el uso metafórico y otra palabra utilizada siempre en su sentido propio, como ocurre con *aveuglement*.

En los otros casos la imagen se atenúa, pero permanece sensible y siempre es posible devolverle su primitiva viveza, acentuándola con una similitud o acompañando la metáfora lexicalizada con otra metáfora posterior.

* * *

El proceso de lexicalización de la metáfora enriquece al idioma proporcionando al vocabulario unos medios suplementarios, pero, contrariamente a lo que a menudo se piensa, no produce una disminución del poder de la imaginación. Casi todas las metáforas lexicalizadas pueden recobrar su primitivo esplendor. La existencia de metáforas lexicalizadas facilita la creación de imágenes nuevas, con las que están emparentadas, y nadie pensaría en negar el enriquecimiento en notaciones pintorescas que hace posible el empleo de las expresiones proverbiales, que a menudo son únicamente expresiones metafóricas.

Podemos considerar que la expresión proverbial asume dos funciones principales: la primera, más sensible en el caso donde hay una similitud, está señalada en la definición de Jacques Pineaux [68]: «mediante una fórmula brillante y variable según las épocas y el uso de la lengua, la expresión proverbial caracteriza a un hombre, a una situación o a una cosa, al hacer entrar al ser, cosa o situación considerados, en unos marcos ya establecidos y bien conocidos». Pero esta definición no alcanza a dar cuenta de cierto número de locuciones proverbiales cuyo empleo corresponde sobre todo a una búsqueda de expresividad pintoresca. He aquí lo que ha escrito al respecto Jacques Pineaux: «Desde luego, la expresión conserva la generalidad que tenía anteriormente; pero este rasgo es sacrificado y casi desaparece en beneficio de una viveza expresiva digna de atención.» Muestra quince ejemplos, todos ellos metafóricos. Tenemos que considerar, pues, que la búsqueda de lo pintoresco desempeña un papel más importante en el empleo de la metáfora hecha proverbial que en el de la metáfora nueva.

Y además, en otro orden de cosas, se ha podido escribir que, en la literatura fantástica, «lo sobrenatural nace a menudo de tomar al pie de la letra el sentido figurado» [69]. Lejos de frenar el ímpetu de la imaginación, la lexicalización de las metáforas lo favorece muy a menudo.

---

[68] *Proverbes et dictons français*, París, P.U.F., 1956, pág. 112.

[69] Tzvetan Todorov, *Introduction à la littérature fantastique*, París, Seuil, 1970, págs. 84. Jacques Goimard («La théorie du genre selon Todorov», *Le Monde*, 15 de agosto de 1970, pág. 10) vio una contradicción en Todorov: «Afirma que el relato fantástico no puede ser leído como una alegoría y no se da cuenta de que realiza el sentido propio de una expresión figurada. Los relatos fantásticos fundados en metáforas desarrolladas ¿son otra cosa que alegorías?» Como ya hemos visto, la alegoría escapa a la metáfora estableciendo una relación simbólica y, por tanto, intelectual: no hay, pues, contradicción en Todorov y podemos considerar que hay género fantástico en tanto que la relación simbólica no quede establecida mediante la reflexión intelectual. Por cierto que, muy a menudo, son las reflexiones de los críticos las que destruyen lo fantástico.

X

METONIMIA E HISTORIA DEL VOCABULARIO

El análisis de una entrada algo extensa del diccionario permite darnos cuenta de la importancia del proceso metonímico en la formación del vocabulario. El vocablo *tête* (cabeza), que hemos elegido como ejemplo en razón de la parte tan apreciable que ocupan en él las metáforas lexicalizadas, presentaba un número muy grande de usos fundados en metonimias y sinécdoques que se han hecho corrientes.

Un empleo figurado, que se concibe primero como un hecho de lenguaje individual, puede, como ya hemos visto a propósito de la lexicalización de la metáfora, convertirse en un hecho de la lengua e insertarse en el funcionamiento normal del vocabulario. Es la distinción que Fontanier estableció entre los dos tipos de sentido tropológico: el sentido tropológico extensivo y el sentido tropológico figurado: «Los *tropos* tienen lugar: o por necesidad y por *extensión*, con el fin de suplir las palabras que faltan en la lengua para expresar ciertas ideas, o por elección y por *figura*, con el fin de presentar las ideas bajo imágenes más vivas y sorprendentes que sus signos propios.» Los tropos por extensión son los que tradicionalmente designamos con el término de *catacresis*, que engloba igualmente los empleos de origen metonímico y los de origen metafórico.

La identidad de la designación tradicional no debe, sin embargo, impedir que notemos algunas diferencias entre la catacresis metonímica y la catacresis metafórica. De manera general, a la metáfora que desempeña un papel de suplente ya no se la considera como poseedora de mucha vitalidad. Si se habla del «pie» de una mesa, **naturalmente** que hay una metáfora, pero es una metáfora gastada, que ya ha cubierto ciertas etapas del proceso de lexicalización. Podemos encontrar ciertamente algunas metáforas originales que cumplen la función de una catacresis, pero no tienen incidencia sobre los sustantivos. Podemos preguntarnos si el parentesco que hemos observado entre la metonimia y la metáfora del verbo o del adjetivo no explica la posibilidad de encontrar esta última utilizada en catacresis sin lexicalización previa. En efecto, parece posible considerar como una catacresis el empleo que hace Pascal del verbo *resuçer* (volver a chupar) en la tercera de las *Expériences nouvelles touchant le vide,* en donde describe un tubo que «se llena completamente, volviendo a sorber (*resuçant*) tanta agua como vino había arrojado. El vocabulario de que dispone no le provee de término propio que pueda dar cuenta de la apariencia del fenómeno: el empleo metafórico de *resuçant* juega, pues, el papel de sustituto. Sin embargo, es innegable la existencia de una imagen asociada, una de esas «ideas accesorias» cuya importancia en el empleo de las figuras fue reconocida por la retórica tradicional: es innegable que la metáfora es posible únicamente por la supresión de la oposición animado/inanimado. Así, incluso en el caso del verbo, la utilización de una metáfora original en un papel supletorio sólo es posible si es algo más que una catacresis, en la medida en que ella supone la percepción de una analogía particular, que es una interpretación personal de la realidad a nivel de las significaciones.

Otra cosa bien distinta ocurre con la metonimia: no crea una relación enteramente nueva entre los dos términos que asocia, puesto que los objetos que estos términos designan en su sentido propio están ya relacionados en la realidad exterior, incluso antes de que sean nombrados, e independientemente de la manera en que lo son. Por supuesto, no se trata de una relación rigurosamente objetiva; el lenguaje no puede ser una copia directa de la realidad existente; supone necesariamente una interpretación intelectual. Si por metonimia, la palabra «corazón» designa unos sentimientos, esto no significa que exista una relación real entre el corazón y esos sentimientos, sino, sencillamente, que en una época dada de la historia de la lengua la creencia en la influencia del corazón sobre la producción de ciertos movimientos afectivos permitió la creación de una metonimia que en aquel momento se consideró fundada sobre una relación objetiva.

El hecho de que la metonimia sirva con toda naturalidad para suministrar las palabras que faltan en el vocabulario se explica por lo demás muy fácilmente: el objeto que no tenga nombre será designado por el nombre de un objeto que esté estrechamente relacionado con él; basta para ello con que el contexto suprima las posibilidades de confusión entre los dos objetos. Para que una metonimia o una sinécdoque se empleen en catacresis no es necesaria una lexicalización previa.

Esta ausencia de simetría entre la catacresis metonímica y la catacresis metafórica se pone claramente de manifiesto en la forma en que Fontanier situó los hechos de catacresis en su *Manuel classique pour l'étude des tropes* [70]. El capítulo de la metonimia y el de la sinécdoque contienen gran número de ejemplos a los que el propio Fontanier coloca la etiqueta de catacresis, mientras que no encontramos ninguno en el capítulo sobre la metáfora. Esto explica que, en el capítulo consagrado especialmente a la catacresis, el análisis sobre la catacresis de la metáfora sea mucho más extenso que los dedicados a las catacresis de metonimia y sinécdoque. Esta desigualdad es particularmente significativa en un teórico en quien es evidente la preocupación por exponer su tesis con arreglo a una estructura regular, hasta tal punto que llega a una simetría a veces obtenida por un procedimiento que hace pensar en las «falsas ventanas» de que habla Pascal. Las disimetrías que los análisis concernientes a las catacresis introducen en su *Manuel* reflejan, quizá sin que el propio Fontanier lo advierta, la oposición fundamental existente entre la posibilidad constante de utilizar el mecanismo metonímico en un simple papel de suplente y la necesidad de una cierta lexicalización para que la metáfora pueda servir de catacresis.

Del mismo modo que se habla de metáfora lexicalizada cuando un término es empleado metafóricamente de manera habitual en una acepción dada, parece justo denominar metonimia lexicalizada al empleo habitual de una metonimia en una acepción particular. No obstante, hay que tener en cuenta que se trata de procesos diferentes. Mientras siga existiendo en la lengua el sentido propio de un término que ha dado origen a una metáfora lexicalizada, seguirá percibiéndose la relación de significación entre las dos acepciones de la palabra, aunque fuese de manera algo confusa.

---

[70] Reeditado con el título *Les figures du discours,* del que constituye la primera mitad.

En cambio, la relación que liga el sentido propio de una palabra (aunque sería preferible a menudo hablar de sentido primitivo en este caso) con su empleo metonímico es exterior al propio lenguaje; no es una relación de significación: incide sobre la referencia y no sobre el código. Mientras que toda metáfora lexicalizada conserva necesariamente una parte de semas constitutivos de la primitiva significación del lexema, aun cuando esta acepción haya desaparecido de la lengua, la metonimia se convierte en una entidad semántica autónoma, en la que el análisis sémico ya no encuentra los elementos constitutivos del sentido primitivo.

Puede parecer paradójica la simple consideración del análisis sémico de una metonimia, ya que el mecanismo metonímico sólo opera sobre un traslado de referencia. Sin embargo, a causa del uso repetido de una metonimia dada, puede ocurrir que la percepción de este traspaso se diluya y que se consiga poder analizar, en elementos de significación, al término primitivamente metonímico, independientemente de la relación que le dio origen. En ese momento es cuando puede hablarse de una lexicalización de la metonimia.

Por esta lexicalización de la metonimia es por donde se ejerce, sin duda, más claramente la acción de la historia de la civilización sobre la historia del vocabulario. Cuando el objeto designado por el empleo metonímico se haga más frecuente, más familiar, mientras que el objeto denominado por la palabra tomada en su sentido primtivo se haga más infrecuente, o esté en camino de serlo, o que, al menos, su uso sea poco habitual, la catacresis dará origen a una significación nueva, siendo considerado cada vez más el empleo primitivamente metonímico como el término propio por aquellos hablantes cuyos conocimientos técnicos o etimológicos no sean suficientes como para poder descubir su relación con el sentido primitivo, es decir, por la mayoría de ellos. Así, la palabra «transistor» es hoy día considerada por la mayoría de los hablantes como si tuviera el siguiente sentido propio: «aparato de radio pequeño que funciona con pilas»; el primtivo sentido de «semi-conductor utilizado como sustituto de un tubo electrónico» [71] sigue siendo téc-

---

[71] Habría que precisar, desde luego: «sustituto de una lámpara de tres electrodos», puesto que el semiconductor que reemplaza a la lámpara de diodo se llama también «diodo».

nico solamente; puesto que para interpretar como metoní-mico el empleo habitual de la palabra es necesario conocerlo y que la mayoría de los hablantes no lo conocen, es normal que consideren la palabra «transistor» como el término propio que sirve para denominar al aparato de radio.

Tomando un ejemplo más antiguo, el sentido primitivo de la palabra francesa *liste* (lista) es *bande* (tira), y, por metonimia, se ha llamado *liste* al conjunto de elementos inscritos sobre una tira de papel o de pergamino. Se ha restringido el empleo del sentido primitivo, sin duda a consecuencia de la competencia de *bande* (tira) y se le ha limitado al lenguaje técnico de la cría de ganado y de la equitación: «Banda blanca situada en la parte anterior de la cabeza del caballo, que ocupa la frente y la testera» (Littré). Los caballos no ocupan ya más que un lugar muy reducido en nuestra civilización; este último vestigio de la acepción primitiva se ha borrado asimismo de la mente de la mayoría de los hablantes y hoy día el sentido propio de la palabra es: «inscripción, a continuación unos de otros, de varios nombres de personas o de cosas».

El ejemplo de *bureau* es análogo. El paño que designaba este término en su sentido primitivo ya no existe. El sentido propio designa hoy al mueble, el escritorio, que antiguamente estaba recubierto por el *bureau*. La metonimia fue lexicalizada a partir del momento en que se perdió la costumbre de recubrir el escritorio con este paño especial. Al abrigo de este nuevo sentido propio se han originado y generalizado los empleos metonímicos que designan la habitación en que se encuentra el escritorio, la empresa que comprende cierto número de estos despachos (*bureau d'études*), el equipo directivo de una asociación (que en el momento de las reuniones, se coloca alrededor del escritorio), etc.

Si en sincronía la metonimia no modifica en absoluto la sustancia sémica del lexema utilizado, hay que reconocer que en diacronía la mayoría de las modificaciones hechas a esta sustancia sémica se explican por la acción de la metonimia y por su lexicalización. En sincronía, la lengua es autónoma con respecto a la referencia; por el contrario, en diacronía la referencia actúa sobre el idioma, en particular sobre el vocabulario; para ello, como es natural, pasa por el mecanismo de la metonimia: la historia proyecta sobre el vocabulario los traspasos de referencia que la metonimia puede establecer a cada instante, e inscribe a ésta en la constitución sémica de los términos que han dado origen a estos traspasos [72].

---

[72] Para apreciar la importancia de los traslados de referencia producidos por el proceso metonímico en la formación del vocabulario francés hay que remitir a Kr. Nyrop, *Grammaire historique de la langue française*, t. IV, págs. 188-228, en donde hay una extraordinaria colección de ejemplos. Antes de los trabajos de Jakobson, sin duda es Nyrop quien da la mejor definición de metonimia: «Se llama *metonimia* a la ampliación de sentido que consiste en nombrar un objeto por medio de un término que designa a otro objeto unido al primero por una relación constante. Se trata aquí normalmente del paso de una representación a otra cuyo contenido está en relación de contigüidad con la representación dada.»

XI

ESTUDIO ESTILÍSTICO DE LA METÁFORA

Una de las principales dificultades del estudio estilístico de un texto de cierta extensión reside en la elección y delimitación de los hechos estilísticos sobre los que aquél deberá centrar su análisis. La metáfora es un hecho fácil de descubrir y de identificar; lo bastante poco frecuente como para no ser desbordado por la materia examinada y lo bastante característico de una personalidad o de un temperamento como para poder esperar obtener de su estudio unos resultados significativos. No es, pues, extraño que los estudios de las imágenes en un autor u otro sean cada vez más frecuentes [73]. No se trata, sin embargo, de una solución de facilidad: no existe un método universal, una llave maestra para el estudio de las imágenes; cada autor, y a veces cada parte de la obra de un mismo autor, plantea problemas distintos. Nos detendremos aquí en algunos de ellos; un inventario completo, si es que fuese posible, necesitaría, sin duda, todo un volumen para él solo [74].

Todo estudio de la imagen debe distinguir la metáfora de la comparación en sentido amplio, del *exemplum* [75] de la

---

[73] Son tan numerosos que no podrían citarse todos aquí. Indicaremos, no obstante, por la extrema diversidad de los métodos utilizados: Roger Crétin, *Les images dans l'oeuvre de Corneille*, Caen, Olivier, 1927 y *Lexique comparé des métaphores dans le théâtre de Corneille et de Racine*, Caen, Olivier, 1927; Henri Lemaire, *Les images chez Saint François de Sales*, París, Nizet, 1962: Michel Le Guern, *L'image dans l'oeuvre de Pascal*, París, Colin, 1969.

[74] Como complementos muy útiles pueden consultarse: Gérald Antoine, «Pour une méthode d'analyse stylistique des images», en *Langue et Littérature*, Actas del VIII Congreso de la Federación Internacional de Lenguas y Literaturas Modernas, París, Belles-Lettres, 1961, págs. 151-162 y Stephen Ullmann, «L'image littéraire, Quelques questions de méthode», *ibíd.*, págs. 41-59.

[75] Véase el artículo «Exemplum» del *Dictionnaire de Spiritualité*.

metonimia: las diferencias de estructura formal y semántica hacen además fáciles estas distinciones, y la oposición entre los mecanismos puestos en marcha por cada procedimiento impide confundirlos. Sin embargo, existen relaciones lo bastante estrechas entre ellos como para que un estudio de la metáfora deba tener en cuenta otros medios de presentación de la imagen. Una metáfora que no es preanunciada produce un efecto distinto al causado por la que emana de una similitud o de un *exemplum*. Es muy útil también distinguir entre metáfora y alegoría, o símbolo, aunque esto ya no sea siempre tan fácil. El paso de la metáfora al símbolo es a menudo imperceptible; interviene en el momento en que la analogía ya no es sentida por la intuición sino percibida por el intelecto. Se concibe fácilmente que este momento no sea el mismo para todos los lectores; conviene, pues, intentar determinarlo colocándose en el punto de vista del autor, siendo conscientes de que tal actitud implica siempre un riesgo de error.

A menudo, es útil una clasificación temática de las metáforas. En algunos autores, cuya obra es un intento de aclarar ciertas nociones, o de cercar ciertas realidades, es interesante reagrupar las diversas metáforas que designan a una realidad dada, para precisar la idea que el autor se hace de ella: unas cuantas analogías son a veces más esclarecedoras que una definición lógica. Lo más frecuente es que la imaginación de un escritor sea requerida en dirección a un número restringido de temas privilegiados, las imágenes dominantes, cuya conjunción constituye el universo imaginario de ese escritor. Formar el catálogo de las metáforas pertenecientes a cada tema no es suficiente; hay que examinar además la manera en que se articulan las diversas significaciones de las metáforas tomadas al mismo tema. Es éste un medio eficaz de descifrar ciertos aspectos del pensamiento de un escritor que los procedimientos habituales de la crítica tienen mayores dificultades en alcanzar. En cualquier caso, una clasificación temática es también reveladora por las ausencias que permite constatar de algunas imágenes cercanas a las imágenes favoritas: la frecuencia de las imágenes de luz y de tinieblas en Pascal permite llegar a la metáfora del fuego; sin embargo, no la encontramos más que en el *Mémorial*, donde es bien difícil decidir si se trata realmente de una metáfora, y en la expresión de los «tres ríos de fuego», que designan a las tres concupiscencias, en la que es totalmente ajena a la imagen de la luz [76].

El análisis temático de las metáforas se enriquece completándolo con la búsqueda de las fuentes de tal imagen en el caso del escritor considerado. Ciertamente, la crítica de las fuentes está hoy bastante desacreditada, pero este desprecio es a menudo la máscara de la pereza o del fracaso: en efecto, nada más difícil ni más largo, que esta búsqueda de las fuentes; incluso al término de la investigación hay que contentarse muy a menudo con meras probabilidades. Pero, en lo que se refiere a la imagen, los resultados son casi siempre reveladores. Cierta metáfora, en la que se admiraban su audacia y su originalidad, aparece como la coronación de una larga tradición; otra, a la que se consideraba como una repetición, modifica la relación metafórica por un cambio de significado y expresa así una nueva visión del mundo. La historia de una metáfora o de un tema metafórico es en sí misma una fuente de enseñanzas, como Georges Poulet ha demostrado en *Les Métamorphoses du cercle*. ¡Qué hermoso libro podría escribirse siguiendo a través de las diferentes generaciones la historia de la metáfora de la escalera, o la de la lámpara!

Sin duda, las fuentes literarias de la metáfora son las más fáciles de conseguir, pero no debemos limitarnos sólo a ellas. Los medios frecuentados por el escritor, el contexto histórico, todas las actividades humanas, lo mismo que los paisajes, proporcionan también imágenes que se traducirán muy a menudo por la forma más concreta de la comparación, pero que a veces podrán manifestarse también con metáforas particularmente vivas y originales. Por otra parte, el escritor extrae a menudo de su universo interior las analogías que le permiten expresar su visión del mundo; pero ¿qué es este universo interior, sino la suma de sus experiencias? El estudio de las imágenes permite así llegar hasta las preocupaciones del escritor, y, yendo aún más lejos, a los polos de interés de un medio o de una sociedad. Apenas es posible distinguir entre lo que es fuente libresca y lo que proviene de la experiencia vital; pero ¿es la obra literaria otra cosa que la combinación de estos dos elementos?

El análisis temático y el estudio de las fuentes se enri-

---

[76] *Pensées*, ed. Lafuma, fr. 545. Por el contrario, la metáfora del fuego aparece varias veces en el *Discours sur les Passions de l'amour*, cuya atribución a Pascal era errónea.

quecen si amplían su campo a la imagen en general: deben, pues, asociar al estudio de las metáforas el de los otros modos de presentación de la imagen, comparación, símbolo, etcétera, sin confundirlos, no obstante: por ejemplo, es significativo que en Pascal las imágenes suministradas por la experiencia de la vida estén expresadas más a menudo en forma de comparaciones o de ejemplos que en forma de metáforas, aun cuando la mayoría de las metáforas originales provienen de la transformación de imágenes proporcionadas por las lecturas.

* * *

El estudio de las metáforas debe establecer la importancia relativa del lugar que éstas ocupan en un texto. En algunos casos privilegiados, cuando se puede seguir a través de los manuscritos la génesis de una obra, es interesante ver si aparecen desde el primer momento, si son modificadas por correcciones sucesivas o si son añadidas después. Es mucho más fácil dar cuenta de la falta de homogeneidad en el reparto de las metáforas en *L'Etranger*, de Albert Camus, si observamos que la mayoría de las imágenes que dan al final de la primera parte de esta novela ese sabor tan particular no existen en el primer manuscrito conocido; han sido, pues, añadidas por el autor después de haber terminado una primera redacción.

Con el fin de valorar la importancia de las metáforas de un texto y dar una idea más concreta de su distribución, se han utilizado a veces procedimientos estadísticos. Ciertamente, los métodos estadísticos pueden ser útiles en estilística; sin embargo, no son de gran ayuda en el estudio de las metáforas y las indicaciones que dan no son significativas si no son comprobadas por otros medios. El efecto producido por metáforas diferentes no es el mismo, y una apreciación cuantitativa de la fuerza de cada metáfora sólo puede ser subjetiva. Esta noción de fuerza variable de la metáfora, que limita la aplicación de los métodos estadísticos, impone otros caminos al estudio estilístico de las imágenes. Puesto que la lexicalización atenúa el efecto de la metáfora, privándola del elemento de sorpresa, conviene sopesar el grado de originalidad de la metáfora, precisamente en el momento en que ha sido compuesto el texto; un estudio semejante debe apoyarse, naturalmente, en sólidos conocimientos de historia de la lengua y su utilidad aumenta conforme a la antigüedad del texto. También debe tenerse en cuenta el gusto de la época y los criterios estéticos que impone al escritor. Así, una metáfora pintoresca es más inesperada en un texto en prosa del siglo XVIII que en un poema romántico: por consiguiente tiene allí más importancia. En una época en que las categorías estéticas están definidas con precisión, como en la literatura francesa del siglo XVIII, cada metáfora corresponde a un determinado tono, y todo desvío es significativo.

Dos metáforas igualmente nuevas no producen el mismo efecto. Las hay más vivaces, que resisten mejor al desgaste del tiempo y guardan intacto su poder de sugestión varios siglos después de su creación. Otras pierden pronto la brillantez de su novedad, su empleo se hace más frecuente y tienden a fijarse en la lengua por el proceso de lexicalización. Éstas son más interesantes para la historia de la lengua, pero las metáforas que el tiempo no borra son, evidentemente, las más importantes si se trata de analizar un estilo individual. Podría pensarse que tales logros son únicamente producto del azar y que un escritor no puede adivinar el destino de la metáfora que él crea. De hecho, el examen de las metáforas que siguen conservando su brillo primitivo permite descubrir un rasgo constante: son siempre las que presentan el menor número posible de elementos de significación comunes al sentido propio del término y a su empleo metafórico, sin llegar no obstante hasta el enigma.

Es lo que, de una manera muy explícita, afirmaba ya el célebre aforismo de Pierre Reverdy:

> Cuanto más lejanas y justas sean las relaciones de las dos realidades cercanas, más fuerte será la imagen, y más potencia emotiva y realidad poética tendrá. (*Le Gant de crin*, página 32).

Es preciso que estas relaciones sean «lejanas», es decir, que el desfase entre la imagen y la isotopía del denotado sea el mayor posible; esto tiene dos consecuencias: la abstracción metafórica actúa con la mayor fuerza posible, incidiendo la suspensión sémica sobre el mayor número posible de elementos y la imagen asociada cobra un relieve particular en razón a su elevado grado de imprevisibilidad. Pero, al mismo tiempo, las relaciones tienen que ser «justas», es decir, que el sema mantenido en el término metafórico sea compatible con el contexto en una forma que no sea solamente aproximada. Aquí es donde están los límites a lo «arbitrario» que André Breton reclama para la imagen, si se quiere que siga siendo una metáfora. Así pues, no nos llamemos a engaño: lo que Breton llama «imagen», no es la metáfora, sino «una revelación interior y precedente a todo lenguaje» (Jean Paulhan). Para él, «la más fuerte», «la que representa el grado más elevado de arbitrariedad», es también «aquélla que tardamos más tiempo en traducir al lenguaje práctico» (*Manifeste*, pág. 64), lo que significa verosímilmente que es aquélla que toma con más dificultad una forma metafórica. Sin embrago, ¡cuántos logros en la obra de André Breton, cuántas metáforas en las que encontramos estas relaciones «lejanas y justas» pedidas por Reverdy!

La estructura más favorable es la de la metáfora *in praesentia*, que utiliza, sobre todo, tres posibilidades de relaciones gramaticales entre la expresión metafórica y el término que designa explícitamente al significado: la metáfora-atributo, como en «el hombre es sólo una caña» la metáfora-aposición, frecuente en Víctor Hugo:

> Cette petite étoile, atome de phosphore...
> ...nos chairs, cire vivante...
> Avec sa plaine, vaste bible,
> Son mont noir, son brouillard fuyant,
> Regards du visage invisible,
> Syllabes du mot flamboyant [77]...

y la metáfora-complemento determinativo del término que indica el significado:

> Ma femme à la chevelure de feu de bois [78].

---

[77] *Les Contemplations*, «Magnitudo parvi». [Traducción española de sus obras por la editorial Lorenzana, Barcelona, 1964. «Esta estrellita, átomo de fósforo..., / ... nuestras carnes, cera viva..., / Con su llanura, extensa biblia, / Su negro monte, su huidiza niebla, / Miradas del rostro invisible, / Sílabas de la palabra llameante...» Cfr. García Lorca: «La higuera frota su viento / con la lija de sus ramas / y el monte, gato garduño, / eriza sus pitas agrias» (Poema 2.º del «Romance sonámbulo» del *Romancero gitano*), *Obras completas*, 18 ed., t. I, Madrid, Aguilar, 1973, pág. 400. *N. del T.*]

[78] André Breton, *L'Union libre*. [«Mi mujer, de cabellera de fuego de madera», en *Antología* (*1913-1966*), traducción de Tomás Segovia, México, Siglo XXI, 1973, pág. 101. Cfr. García Lorca: «sus senos de duro estaño», en *Romance de la luna, luna* (verso 8.º), *op. cit.*, página 399. *N. del T.*]

Estas relaciones gramaticales pueden invertirse: el significado podrá ser presentado como oposición o complemento determinativo del término metafórico:

Aux gros yeux de tant de fenêtres [79]...

Apollinaire, al comienzo de «Zone», el primer poema de *Alcools*, combina los dos procedimientos:

Bergère ô tour Eiffel le troupeau des ponts bêle ce matin [*].

« ¡oh, torre Eiffel!» es a la vez apóstrofe y aposición de «pastora», mientras que la metáfora del «rebaño» queda configurada por el complemento determinativo «de los puentes» [80]. El deseo de evitar el enigma es particularmente

---

[79] René Plantier, *Rue de l'Humilité*, «Hautaine fenaison...». [«A los desorbitados ojos de tantas ventanas...» Cfr. García Lorca: «¡Quién dirá que el agua lleva / un fuego fatuo de gritos!» (verso 26 de la «Baladilla de los tres ríos»), en *Poema del cante jondo, op. cit.*, página 154. *N. del T.*]

[*] [«Pastora ¡oh, torre Eiffel! el rebaño de los puentes bala esta mañana...» *N. del T.*]

[80] «El rebaño de los puentes» puede analizarse de dos maneras distintas: o bien «el rebaño» designa a los propios puentes o bien la manera en que están agrupados. En este caso, habría que admitir a nivel de la connotación una imagen asociada de animales; podríamos incluso precisar aquí que son ovejas, sin que esta imagen sea inscrita en el contexto más que por la relación metonímica con la metáfora de rebaño y la relación con el verbo «bala». Vemos aquí cómo el proceso metafórico y el metonímico pueden superponerse mediante la conjunción de la actividad de selección y de la actividad de combinación en el funcionamiento del lenguaje. Para el estudio de las metáforas seguidas de un complemento determinativo perteneciente a la isotopía del denotado, será provechosa la consulta del libro de Christine Brooke-Rose, *A Grammar of Metaphor*, Londres, Seckeer and Warburg, 1958, cap. VII: «The Genitive Link: The Preposition "of" and equivalents.» He aquí como está resumida en él la distinción esencial que hay que establecer entre los diferentes hechos que utilizan esta estructura formal: «Hay dos relaciones metafóricas fundamentalmente diferentes entre los dos términos ligados y cada una puede ser dividida en dos tipos principales: *a*) la fórmula de tres términos, en la que *B* de *C* = *A*. *A* puede no mencionarse; o puede mencionarse y colocarse en equivalencia (el cuclillo es el mensajero de la primavera). *b*) la fórmula de dos términos, el o la *B* de *C* en la que *B* = *C*. *C* es la palabra propia, ya sea con un complemento aposicional que exprese la identidad de *B* y *C* (el fuego del amor), o con una pura atribución, en la que la identidad fundamental es menos aparente (la mano de la muerte).» Lo pertinente de este análisis proviene de que sobrepasa el nivel puramente formal y llega hasta el nivel del funcionamiento semántico.

113

evidente en esta última construcción, ya que la determinación de la palabra metafórica está en cierta manera sobreañadida para ahorrar al lector o al oyente el esfuerzo de adivinar un significado inesperado. Interesa, pues, distinguir la metáfora *in praesentia* de la metáfora *in absentia*, pero no debe cometerse el error de considerar a la primera como metáfora de inferior calidad, situada entre la metáfora *in absentia* y la similitud: también ella goza de todo el prestigio de la verdadera metáfora y, a menudo, incluso en mayor grado.

Pero el estudio estilístico es, ante todo, una búsqueda de intenciones y debe ocuparse esencialmente de determinar el papel particular que se le asigna a la metáfora en un texto delimitado. Así pues, ante un conjunto limitado de metáforas tomadas en un contexto dado, este estudio deberá llevar a cabo una investigación análoga a la que esbozábamos para la metáfora en general en el capítulo sobre sus motivaciones.

Ya hemos visto que la preocupación estética no era una motivación normal de la metáfora; cuando se hace demasiado patente produce un efecto cómico, fácil de apreciar en *Las Preciosas ridículas* o en el *Diccionario* de Somaize. Esta falta de finalidad de la metáfora, que sólo trata de servir de ornamento, permite una utilización paródica: la frecuencia de metáforas en las frases tomadas de las cartas de Balzac por el Hortensius de la *Histoire comique de Francion* es particularmente elevada, lo que no impide que las críticas formuladas sólo se ocupen de las comparaciones y de las hipérboles.

Entre los efectos que produce la metáfora, el más fácil de analizar es el que utiliza el juicio de valor implícito en la mayoría de las metáforas. En cada sociedad y en cada época ha existido una jerarquía de valores en la que algunos elementos son fijos: el cielo, el oro y la luz, han sido siempre considerados como realidades favorables, mientras que la oscuridad y el fango, por ejemplo, implicaban un juicio desfavorable. En cierta medida, la metáfora permite modificar esta escala de valores dados: dar a un objeto el nombre de una realidad considerada como superior aumenta su valor, mientras que el empleo metafórico de un término vulgar, vil o grosero, o simplemente de un término que designe normalmente una realidad inferior, adopta una función denigrante y se le considera como peyorativo. Las metáforas del «hormiguero» o de las «polillas» que designan

114

en *Micromégas* la tierra y los humanos, expresan un juicio desfavorable. Pero, a fin de no interpretar de manera abusiva un juicio impuesto por una metáfora, es conveniente reflexionar sobre el sistema de valores que constituyen para el escritor las representaciones tomadas del campo que comprende la imagen asociada que la metáfora introduce. Como ha demostrado Jean-Pierre Davoine [81], Zola se sirve en *Germinal* de las metáforas de animales salvajes que designan a los hombres para producir un efecto de engrandecimiento épico, mientras que a las metáforas de animales domésticos les da un valor netamente despreciativo. Debe tenerse en cuenta que, en último término, cuando la metáfora no evoca ya sino muy vagamente la imagen en donde se originó, es decir, cuando nos encontramos con lo que Bally llama una «imagen afectiva», el único efecto producido es casi siempre resultado del juicio contenido implícitamente en la expresión metafórica. Incluso si el poder de sugestión está entonces muy atenuado, no es nulo el interés estilístico de estas metáforas, como lo muestra su frecuencia en los textos en donde se manifiesta una intervención importante de la afectividad.

El papel de juicio de valor que desempeña tan a menudo la metáfora está estrechamente emparentado con el mecanismo de la selección sémica que permite a la expresión metafórica no expresar más que un aspecto de la realidad que designa. Es éste un procedimiento de realce que contribuye a imponer una cierta forma de ver, y que cobra así una gran fuerza de persuasión. Siguiendo los textos examinados, será interesante destacar los aspectos de la realidad eliminados sistemáticamente por el escritor o, al contrario, los aspectos puestos de relieve: por lo demás, estas dos posibilidades no se excluyen mutuamente.

Más aún que los efectos producidos por la selección sémica, es la forma en que se articulan el nivel de la comunicación lógica y el de la imagen asociada, la que es reveladora de una visión del mundo, sobre todo en un texto poético. La atenuación de la función referencial en poesía tiene a menudo como consecuencia la supresión de la jerarquía entre los dos niveles; las imágenes asociadas, por poco conectadas que estén por una isotopía distinta de la del contenido denotador del mensaje, y en alguna manera paralela

---

[81] Jean-Pierre Davoine, «Métaphores animales dans *Germinal*», *Études françaises,* Montreal, noviembre de 1968, págs. 383-392.

a ésta, adquieren en poesía una importancia por lo menos tan grande como la de este contenido. El poeta puede así combinar los dos planos de la visión, para producir un efecto parecido al que busca Picabia con sus transparencias. Con tal de que la analogía entre los dos planos de la visión evite el rigor de una construcción intelectualizada, la relación entre microcosmos y macrocosmos, por ejemplo, puede ser una fuente de ricas sugestiones poéticas, de la que tanto los poetas barrocos como los surrealistas no han dudado en sacar partido. La conjunción de los dos planos produce la silepsis, es decir, el empleo de un término que comporta dos significaciones al mismo tiempo: una que corresponde al plano de la comunicación lógica y otra al de la imagen asociada. La silepsis puede, además, combinarse con la metonimia, como en estos versos de Racine:

> J'ai perdu, dans la fleur de leur jaune saison,
> Six frères, quel espoir d'une illustre maison!
> Le fer moissonna tout... [82].

En el plano de la comunicación lógica, «el hierro» designa por metonimia al puñal de los asesinos, mientras que en el plano de la imagen asociada evoca la guadaña o la hoz de los segadores.

Esta posibilidad de una isotopía de las imágenes asociadas, de una cierta homogeneidad de los elementos de connotación, muestra lo importante que es estudiar las metáforas en su contexto, sin lo cual sería imposible reconstituir los elementos de permanencia y las metamorfosis de este universo, ajeno a la realidad descrita, pero a menudo más importante para el autor que esta realidad. Los efectos de eco, que hacen una metáfora tan obsesiva para el lector como lo fue para el escritor, pueden ser puestos de relieve por este estudio de las metáforas en contexto.

También debe examinarse cómo las metáforas que se suceden unas a otras se articulan entre ellas. A veces su incoherencia contribuye a producir un efecto cómico. Más a menudo, producen invenciblemente la persuasión, por el movimiento de las imágenes que se transforman unas en otras mediante una metamorfosis continua. Esta sucesión de las metáforas introduce así un elemento de dinamismo

---

[82] *Fedra*, II, 1, versos 423-425. [«Yo perdí, en la flor de su joven estación, / Seis hermanos, ¡Cuánta esperanza de una ilustre casa! / El hierro lo segó todo...» *N. del T.*]

que puede aún ser reforzado mediante procedimientos que incidan sobre la entonación, la interrogación o la exclamación.

Más allá de todos estos aspectos formales, el estudio estilístico de la metáfora debe ir, a partir de la observación minuciosa de los mecanismos empleados, hasta la definición de aquello que hace que un texto dado sea la manifestación de una personalidad particular y de aquello que produce el pintoresquismo, la fuerza de persuasión o la riqueza de sugestión poética de una obra literaria.

XII

ESTUDIO ESTILÍSTICO DE LA METONIMIA

Sorprende la falta de trabajos sobre el análisis estilístico de las metonimias, sobre todo si se la compara con la eclosión de monografías consagradas a la metáfora. Sin embargo, esta disimetría no tiene nada de extraño y se explica por la diferente naturaleza de los mecanismos que ponen en marcha cada una de estas dos figuras. El desvío producido por la metonimia es menos perceptible inmediatamente que el de la metáfora y, en la mayoría de los casos, una lectura rápida lo acorta automáticamente sin que su propia existencia se manifieste claramente en la conciencia del lector. El término metonímico pertenece habitualmente a la isotopía del contexto; no presenta, pues, el mismo grado de imprevisibilidad que un elemento ajeno a esta isotopía, como lo es toda metáfora cuya brillantez no ha sido aún empañada por su lexicalización. La metáfora es fácilmente localizable porque introduce una imagen, mientras que la metonimia no produce imagen más que en ciertos casos particulares, relativamente raros. A pesar de que sea menos llamativa, no debe pensarse que la metonimia no merezca un estudio estilístico profundo y sistemático de parecida importancia.

Roman Jakobson, que ha insistido varias veces en la necesidad de prestar una atención más constante a la metonimia, ve en ella la marca por excelencia de la literatura realista, mientras que la metáfora caracterizaría más bien a la literatura romántica y simbolista. Un examen sistemático de las metonimias de textos franceses de estéticas diversas nos obliga a admitir que no existe correlación entre la literatura realista y la metonimia en general. Por el contrario, es absolutamente evidente que un tipo particular de metonimia, la sinécdoque de la parte por el todo, ocupa un lugar privilegiado en los textos realistas: es uno de los medios de los que se sirve más gustosamente un escritor cuando desea atraer la atención de sus lectores sobre los detalles de la realidad que describe, siendo además ésta una de las principales preocupaciones de la escritura realista.

El estudio estilístico no deberá, pues, tratar globalmente la masa de las metonimias, como si todos estos hechos originados por el mismo mecanismo semántico contribuyesen a producir en el lector o en el oyente un solo efecto. Tampoco deberá renunciar a encontrar dentro del desperdigamiento de los hechos aislados las líneas de convergencia que los ordenan por grupos cuyo efecto estilístico es incontestablemente más importante que pudiera serlo la suma de los efectos atribuibles a cada metonimia considerada por separado. Estando caracterizada la metonimia por un desplazamiento de referencia, es justo pensar que el efecto estilístico será producido, en primer lugar, por este deslizamiento y, más exactamente, por la dirección en que se opera. Mientras que un solo desplazamiento podría no producir más que una ligera impresión, apenas perceptible, la sucesión de desplazamientos orientados en la misma dirección agranda el movimiento, hasta el punto de inscribir en el texto (por medio de la escritura metonímica) una visión particular de la realidad. Describiendo un embotellamiento de coches en los Campos Elíseos, Flaubert, presenta de esta manera a sus ocupantes:

> Por encima de los paneles blasonados, caían sobre la multitud miradas indiferentes; en el fondo de los simones brillaban ojos llenos de envidia; a las cabezas altaneras respondían sonrisas de denigración; grandes bocas abiertas expresaban estúpidas admiraciones... *

Los «paneles blasonados» hacen alusión a las portezuelas de los coches, de las que solamente designan una parte. Hablando con propiedad, no son las «miradas» las que son indiferentes sino las personas de las que emanan; no son los «ojos» los que están «llenos de envidia» sino los seres de quienes esos ojos son solamente una parte. Esta sucesión de desplazamientos metonímicos, que sustituyen al término lógicamente esperado por la señalización de un detalle más limitado, más preciso, contribuye a dar una visión fragmentada de la realidad descrita. Esta fragmentación,

---

* [*La educación sentimental*, traducción de Armando Lorca y Hermenegildo Giner de los Ríos, Madrid, E.D.A.F., 1963, pág. 228. N. del T.]

esta atención a los múltiples detalles que obligan a fijar la mirada en la capa más externa de la realidad, es aún más acentuada por una acumulación que no es propiamente metonímica, pero que aspira a producir el mismo efecto y que corresponde a la misma postura de escritura realista:

> Al pasar bajo el Arco de Triunfo (el sol poniente), alargaba a la altura de un hombre una luz rojiza que arrancaba destellos de los cubos de las ruedas, de los picaportes de las portezuelas, de los extremos de las lanzas, de las anillas de las banquetas...

El mismo proceso metonímico permite producir un efecto inverso en el caso en que los desplazamientos sucesivos de referencia se produzcan en dirección contraria; no hay nada más contrario a la estética realista que la acumulación de metonimias de la abstracción; así es como los moralistas clásicos transformaban unas observaciones inicialmente fragmentarias en consideraciones de carácter general, en las que todos los accidentes particulares se diluyen en beneficio de reflexiones que pretenden tener alcance universal. Cuando La Rochefoucauld escribe: «La sencillez afectada es una impostura delicada» (*Maximes*, 289), podemos considerar que ha pensado primeramente: «las gentes que afectan una sencillez...»; mediante una metonimia de abstracción aumenta el grado de generalidad de su aserto. No por otra razón se dice y escribe: «la juventud» o «la vejez» en vez de «los jóvenes» o «los viejos».

Una de las utilizaciones estilísticas más eficaces de la metonimia es la que permite la presentación de imágenes. Si toda metáfora introduce, con mayor o menor nitidez, una imagen, no hay que perder de vista que no es el único tropo que permite añadir por superposición un elemento concreto al contenido indicador de un enunciado; ciertas imágenes particularmente llamativas sólo pueden ser explicadas mediante un proceso metonímico. Podemos ver esto analizando el siguiente verso de Max Jacob [83]:

> Los cabritos, futuros odres, tienen cuellos de jirafa.

La palabra «odres» hace surgir incontestablemente una imagen, pero es evidente que la relación que la liga con los cabritos sólo puede ser metonímica: es una relación entre objetos, ya que la piel de los cabritos será el material

---

[83] *Le laboratoire central*, París, Gallimard, 1960, pág. 49.

con el que se harán los odres, y no una relación entre significaciones. La viveza de la imagen es la consecuencia de la desviación que separa el término «odres», que designa a un objeto fabricado, un producto del artesanado, de la isotopía de animales que viven en la naturaleza (cabritos, jirafas). La introducción de un elemento tan ajeno a la isotopía es rara en el proceso metonímico y es esto, sin duda, lo que hace aquí necesaria la estructura *in praesentia*.

Por el contrario, ocurre con frecuencia que la metonimia sirve de soporte a una imagen, cuando reemplaza a un término propio abstracto o menos concreto. Es lo que se produce, por ejemplo, en la metonimia del signo. Designar la realeza por «el cetro», «la corona» o «el trono», introduce la imagen del cetro, de la corona o del trono. Lo mismo ocurre con la metonimia de la parte del cuerpo que designa a la función que ella ejerce: «los ojos» por la vista, «la boca» por la palabra, «las manos» por la actividad manual, etcétera. Volvemos a encontrar aquí a uno de los procedimientos privilegiados del lenguaje de la tragedia clásica. La imagen metonímica se opone a la imagen asociada de la metáfora por su carácter esencialmente ornamental, por el hecho de que no está acompañada por un proceso de abstracción y por un menor grado de «imprevisibilidad», como decía Michel Riffaterre; los «futuros odres» de Max Jacob constituyen un caso bastante excepcional. La frecuencia de las imágenes metonímicas en la tragedia clásica se explica por una armonía con la estética del género v por las necesidades del lenguaje dramático que admite difícilmente las figuras demasiado brillantes o demasiado inesperadas. Su carácter más discreto, el hecho de que presenten un menor deterioro en la función referencial hace que las imágenes metafóricas concuerden con la obligación en que se encuentra el autor dramático de evitar que el espectador no concentre demasiado su atención en la forma del texto a expensas del interés mostrado por la propia acción, lo que sólo podría perjudicar la eficacia de la obra de teatro, como ha demostrado acertadamente Pierre Larthomas [84].

Mientras que, gracias a la posibilidad de combinar la isotopía del denotado con una segunda isotopía que ligue entre ellas a las imágenes asociadas, la metáfora permite al escritor presentar una visión del mundo en cierto modo desdoblada, e incluso a veces triplicada o cuadruplicada, la

---

[84] *Le langage dramatique*, París, Colin, 1972, págs. 343-355.

metonimia proporciona el medio de aproximar elementos distintos mediante un movimiento unificador. Al final de la primera parte de *L'Etranger,* Camus utiliza la palabra *sol* para designar a la vez al propio sol y, por metonimia, a la parte de la playa expuesta directamente a los rayos del sol; la repetición insistente de la palabra da la impresión de una presencia tan obsesiva que se vuelve casi insoportable: el procedimiento tiene tal eficacia que ha podido considerarse al sol como verdadero protagonista de la acción. La metonimia desempeña una función análoga en las tragedias de Racine[85]: en *Fedra,* la «sangre» designa en sentido propio al líquido vital que corre por las venas de la protagonista así como al líquido vertido en la tierra por el crimen y, por metonimia, a la herencia, al lazo orgánico que une a los miembros de una misma familia; es esta palabra «sangre» la que resume y reúne los temas esenciales de la tragedia. R. A. Sayce ha mostrado cómo en Racine el acercamiento de los empleos propios y metonímicos del mismo término contribuía a producir un efecto particular: el recurso frecuente a la metonimia del signo hace que el mismo término aplicado en sentido propio al objeto material exprese en cierta manera a la realidad simbolizada y que el propio objeto cobre su pleno valor de signo[86]:

> En *Esther,* el trono y el cetro, al principio expresiones metonímicas de la grandeza de Asuero, se convierten en simples realidades cuando vemos al rey, sentado en su trono, tender el cetro en signo de perdón. Pero no siendo ya simples palabras sino objetos reales, conservan, no obstante, su pleno sentido metonímico.

Desde luego, pueden concebirse otras numerosas perspectivas para el estudio estilístico de la metonimia. Este es el complemento natural del estudio de la metáfora y nos permite penetrar en el universo imaginario de un escritor, puesto que, de manera privilegiada, nos proporciona el medio de captar el punto de vista personal por el que el escritor capta a su vez el universo real.

---

[85] Véase R.A. Sayce, «La métonymie dans l'oeuvre de Racine», *Actas del Primer Congreso Internacional Raciniano,* Uzès, 1962, páginas 37-41. Es uno de los pocos estudios consagrados a la metonimia, que, como ya lamentaba Jakobson, atrae menos a los estilistas que la metáfora.
[86] *Ibídem,* pág. 39.

XIII

LA SILEPSIS

Hay un caso particular de empleo de los mecanismos de la metáfora y la metonimia al que se debe prestar atención; es el de la silepsis, «figura por la que una palabra es empleada a la vez en sentido propio y en sentido figurado» (Littré).

DuMarsais, que la llama «silepsis oratoria» para distinguirla de la silepsis de los gramáticos, «figura de gramática, por la que la elocución responde más bien a nuestro pensamiento que a las reglas gramaticales» (*Dictionnaire de l'Académie*, 4.ª ed.), la define así: «La silepsis oratoria es una especie de metáfora o de comparación, por la que una misma palabra es tomada en dos sentidos en la misma frase, uno propio y otro figurado» (*Tratado de los tropos*, II, 11)*. Todos los ejemplos que cita son silepsis de metáfora, puesto que se trata de la acumulación en el mismo término del sentido propio y del metafórico, como en el verso de Racine:

«Brûlé de plus de feux que je n'en allumai.»
«Quemado con más fuegos de los que yo encendía.»

La palabra «fuegos» designa a la vez, en sentido propio, los incendios producidos por Pirro cuando la toma de Troya y, en sentido figurado, su pasión por Andrómaca.

Es, sin duda, en Fontanier en donde encontramos la mejor definición de la silepsis: «Los tropos mixtos, que llamamos silepsis, consisten en tomar una misma palabra en dos sentidos diferentes a la vez.» Pero podemos preguntarnos si la restricción que la acompaña está totalmente justificada: «uno primitivo o considerado como tal, pero al menos siempre propio; y el otro, figurado o considerado como tal, si no lo es siempre; lo que tiene lugar por me-

---

* Trad. esp. cit., pág. 267. [*N. del T.*]

tonimia, sinécdoque o metáfora». La simultaneidad de dos significaciones distintas de la misma palabra no implica necesariamente oposición entre sentido propio y sentido figurado.

Si los ejemplos de silepsis de metáfora que comenta Fontanier ilustran muy exactamente su definición, no ocurre lo mismo con el análisis que consagra a la silepsis de metonimia y a la silepsis de sinécdoque. No podemos decir que haya una silepsis en el verso que él escoge para su primer ejemplo y que comenta de la siguiente manera:

> «*Roma* ya no está en *Roma*, está entera donde yo esté.»
> Esta *Roma* que ya no está en *Roma*, no es la ciudad de Roma, la Roma conjunto de edificios diversos, sino la Roma pueblo, la Roma república, si se puede decir así; son los habitantes, los ciudadanos de Roma, son los romanos: *sentido figurado* y *metonimia* del continente. Esta *Roma* en donde la primera ya no está, es la propia ciudad de Roma, considerada como ciudad y como tal ciudad, antes que como otra: *sentido propio.*

Habría silepsis si la palabra Roma tuviese al mismo tiempo, en el mismo empleo, las dos significaciones; este no es el caso en el ejemplo alegado; el primer empleo de *Roma* tiene la significación metonímica con exclusión del sentido propio y el segundo, el sentido propio, con exclusión del sentido metonímico. Si quisiera verse aquí una figura, se podría hablar de repetición polisémica pero no ciertamente de silepsis.

Al constatar que DuMarsais habla únicamente de las silepsis de metáfora y que los ejemplos citados por Fontanier para la metonimia y la sinécdoque no son verdaderas silepsis, podríamos preguntarnos si la relación metonímica es efectivamente compatible con el mecanismo de la silepsis y si la presencia de análisis consagrados a las silepsis, de metonimia y de sinécdoque en Fontanier no obedece a una búsqueda excesiva de la simetría en la construcción de su sistema de las «Figuras de la elocución». De hecho, las silepsis de metonimia existen realmente. Son menos frecuentes y quizá menos llamativas que las silepsis de metáfora; pero la literatura francesa ofrece numerosos ejemplos de ellas, incluso en la época clásica, como atestigua este pasaje del *Don Juan* de Molière (acto I, esc. 1):

De manera, querido Guzmán, que doña Elvira, tu señora, sorprendida por vuestra partida, se ha puesto en marcha después de nosotros, y su *corazón*, al que mi señor ha sabido conmover tan fuertemente, no ha podido vivir, dices, sin venir a buscarle aquí.

El *corazón* —si no en sentido propio, al menos en el sentido derivado fuertemente lexicalizado por el que el lexema designaba corrientemente a la sensibilidad en el siglo XVII— es la sede de los sentimientos, que Don Juan «ha sabido conmover tan fuertemente», pero es por una sinécdoque de la parte por el todo por lo que la misma palabra *corazón* designa a Doña Elvira, ya que es ella misma, y no su corazón, la que viene a buscar al marido infiel. En rigor, no es por cierto la relación de sentido metonímico con sentido propio la que liga a las dos significaciones simultáneas, sino la relación entre dos relaciones metonímicas diferentes.

No debe recurrirse solamente a la metáfora y a la metonimia para explicar los hechos de silepsis. En efecto, ocurre con frecuencia que se asocie la silepsis con el zeugma, lo que hace que se diga que estas dos figuras son muy próximas. Así, en el verso de Víctor Hugo:

> Vestido de cándida probidad y de lino blanco,

la palabra *vestido* toma a la vez dos significaciones: sentido figurado con «cándida probidad» y sentido propio con «lino blanco»; es, pues, una silepsis. Pero también podemos explicar el verso por la ausencia de la repetición de la palabra *vestido*. Con relación a «vestido de cándida probidad y vestido de lino blanco», el verso de Hugo presenta un zeugma. Con razón sitúa Fontanier el zeugma entre las «figuras de construcción», o de sintaxis, definiéndolo así:

> El zeugma consiste en suprimir en una parte de la elocución, proposición o complemento de proposición, unas palabras expresadas en otra parte, y, por consiguiente, en hacer la primera de estas partes dependiente de la segunda, tanto para la plenitud del sentido como para la plenitud misma de la expresión.

El zeugma, al que podríamos definir más brevemente como una elipsis de repetición, ya no es percibido como figura en la mayoría de los casos. Si los primeros editores de los *Pensamientos,* de Pascal, han corregido «no debe el hombre creer que es igual a los animales ni a los ángeles» por «... que es igual a los animales ni que es igual a los ángeles», es porque aquí veían un zeugma excesivamente audaz; hoy es la formulación de Pascal la que nos parece la más normal. Pero, si los únicos zeugmas que nosotros percibimos todavía son, con algunas excepciones, los que sirven para presentar silepsis, hay que cuidarse de no confundir la figura de sintaxis con la figura de significación que la hace a la vez posible y perceptible.

El tan a menudo constatado nexo entre la silepsis y el zeugma no afecta, pues, a la propia naturaleza de la silepsis. Sin duda, la silepsis en zeugma está más adaptada al cúmulo de significaciones separadas por diferencias de las que trata la semántica combinatoria, diferencias clasemáticas, que a la combinación bajo un mismo significante de diferencias propiamente componenciales o sémicas, pero no es cierto que esta distinción se respete constantemente y puede ocurrir que la oposición entre los dos tipos de presentación de la silepsis sea más formal que semántica.

A pesar de todo lo afirmado por la tradición retórica, el nexo de la silepsis con la metáfora y la metonimia es solamente accidental. Para que exista silepsis es suficiente con que haya polisemia del término empleado; la metáfora y la metonimia no son más que casos particulares de polisemia, pero pueden encontrarse otros. Los tercetos de *La Belle Egiptienne,* de Scudéry, nos ofrecen, por lo menos, dos ejemplos:

> Sorciere sans demons, qui predis l'advenir;
> Qui regardant la main, nous viens entretenir;
> Et qui charmes nos sens d'une aimable imposture;
>
> Tu parois peu sçavante en l'art de deviner;
> Mais sans t'amuser plus à la bonne avanture,
> Sombre divinité, tu nous la peux donner*.

Encantar significa «engañar» por relación con la charlatanería que es inherente a la profesión de echadora de la

---

* Hechicera sin demonios, que predices el porvenir; que mirando la mano, nos vienes a entretener / Y que encantas nuestros sentidos con un amable embuste; / Pareces poco entendida en el arte de adivinar; Pero sin divertirte ya con la buena ventura, / Sombría divinidad, tú puedes dárnosla.» [*N. del T.*]

buena ventura, y «ser agradable a» por relación con la belleza de la joven. En el siglo XVII estas dos significaciones podían considerarse, tanto una como otra, sentidos propios: es un caso trivial de polisemia. En cuanto a *la buena ventura* hay que entenderla a la vez como expresión lexicalizada que significa «el futuro que se lee en las líneas de la mano» y como la aventura amorosa que el poeta espera tener con la bella egipcia.

No podemos explicar aquí el mecanismo de la silepsis más que por la existencia de dos isotopías entrecruzadas, la que caracteriza a la palabra «amable» y la del «embuste», presentándose los hechos de silepsis como los puntos de contacto entre las isotopías.

Al confiar al mismo significante un doble papel de significación, la silepsis necesita del productor del mensaje una atención particular a la forma del mismo. Que arraigue en una obra literaria o que se quede al nivel del calambur, siempre se asocia a la función poética del lenguaje. Podríamos incluso preguntarnos si no es la marca del predominio de la función poética, con igual título que «la proyección del eje de la selección sobre el eje de la combinación» (Jakobson). Evidentemente, tiene un papel limitado en la comunicación ordinaria, en donde la existencia simultánea de dos isotopías no se concibe apenas, a menos que se haga un reparto entre los interlocutores, teniendo cada uno de ellos su propia isotopía y produciendo una cierta confusión la distinción de isotopías. Por el contrario, su frecuencia aumenta con el grado de atención prestado al propio mensaje, y va acompañada casi siempre por una sutil utilización de la metonimia o de la metáfora.

Lejos de estar ligada a la naturaleza de los procesos metafórico y metonímico, la silepsis no es un mecanismo limitado a la actividad del lenguaje. Es posible obtener silepsis musicales o gráficas. Podemos ver un buen ejemplo en un cartel de la campaña de seguridad en carretera («La Prévention routière») en la que los faros de un coche son al mismo tiempo los ojos de una cara: un mismo significante, el par de manchas de colores, toma simultáneamente dos significaciones, una en relación con el dibujo del coche y la otra en relación con el dibujo de la cara. Hay incluso representaciones pictóricas que no son otra cosa que silepsis globales, como esos paisajes a los que basta con darles la vuelta para ver un retrato.

Sin duda, ha sido útil hablar aquí de la silepsis, aunque sólo hubiera sido para mostrar que a menudo recurre a los mecanismos de la metonimia y de la metáfora. Pero no se la debe de considerar como un procedimiento reservado al lenguaje; más que una figura semántica es realmente una figura semiológica en el más completo de los sentidos.

XIV

POR UN ANÁLISIS SÉMICO

El estudio estilístico de la metáfora y de la metonimia no es nuevo; nuestro análisis no tiene la pretensión de renovarlo, sino, todo lo más, de llamar la atención sobre ciertos aspectos interesantes que son descuidados demasiado a menudo. Nos parece que serían más importantes las conclusiones que pudieran sacarse para ser aplicadas a la semántica. En realidad, sólo una tentativa de utilización sistemática de la teoría de la metáfora, que hemos presentado en el primer capítulo, para el estudio semántico del vocabulario de una o varias lenguas, permitiría verificar lo bien fundado de nuestras hipótesis. Si la experiencia revelase su exactitud, sería preciso reconocer que nuestra teoría de la metáfora suministra si no el único medio, al menos, el más económico y eficaz que conduce a un verdadero análisis sémico.

Todo el mundo reconoce hoy que la palabra, el lexema, tomado incluso en una sola de sus acepciones posibles, es decir, el lexema manifestado en la elocución, no es el elemento último, irreducible, de la significación. El lexema puede descomponerse en elementos de significación más simples o semas. Si bien este dato fundamental ha sido aceptado unánimemente, el problema práctico del análisis del lexema en semas no ha recibido una solución verdaderamente satisfactoria. La mayoría de las tentativas que se han hecho presentan una objeción: el análisis sémico tiende, en general, hacia una estructuración del universo; en lugar de limitar su objeto a la realidad propiamente lingüística, intenta abarcar al conjunto de realidades que pueden expresarse por el lenguaje; se hace así, propiamente hablando, enciclopédico y, por ello mismo, imposible de realizar.

Se ve claro que la dificultad proviene de que no hay una distinción evidente entre lo propiamente lingüístisco y lo que pertenece al universo extralingüístico. Así, es prácticamente inevitable que un diccionario de la lengua haga intervenir en sus definiciones elementos que son de la competecia particular del diccionario enciclopédico. Tomemos, por ejemplo, la definición que da Littré de «gato»: «animal doméstico, del orden de los carniceros digitígrados». Esta definición remite a una clasificación zoológica que es ajena al funcionamiento del lenguaje: se aplica al animal que habitualmente es designado con la palabra «gato», pero sólo da cuenta muy imperfectamente de la sustancia propiamente lingüística de la palabra. La definición analiza la referencia, pero no el conjunto de relaciones existentes entre los elementos de significación que constituyen el lexema.

Este nivel propiamente lingüístico de la significación puede ser aislado a partir de ciertos elementos de nuestra teoría de la metáfora, que suministra un procedimiento aplicable a un análisis sémico efectivamente realizable. Mientras que, planteando el problema del análisis en semas a partir del lexema tomado en su sentido propio, se corre el riesgo de confundir los elementos inherentes al propio funcionamiento del lenguaje con los elementos tomados de la referencia, por el contrario, el análisis que se funda en los empleos metafóricos ofrece la ventaja de aislar los constituyentes lingüísticos, o semas, en razón de la naturaleza metalingüística del mecanismo de la metáfora.

Desde luego que antes de comenzar el análisis debe resolverse una dificultad práctica: ¿cómo pueden designarse los semas? El procedimiento que consistiese en constituir un lenguaje metalingüístico artificial, designando a cada uno de sus semas con una denominación puramente arbitraria, suministraría un instrumento difícil de manipular. Es más cómodo partir de la constatación de que la mayoría de los sustantivos no pueden ser empleados para usos metafóricos, de donde puede deducirse con cierta verosimilitud que no pueden ser descompuestos en semas distintos. Es posible, pues, establecer como postulado que las sustancias abstractas son monosémicas; nada se opone entonces a que estos términos sirvan para designar a los semas de los cuales son su expresión natural.

Una vez en posesión de este indispensable instrumento,

podemos proceder al análisis. En una primera etapa conviene reunir cierto número de metáforas que utilicen el lexema estudiado; cuanto más variadas sean estas metáforas, más posibilidades tendrá la descripción de ser completa. En la práctica, para los lexemas utilizados con más frecuencia, los ejemplos dados por el diccionario constituyen un cuerpo suficiente para un primer análisis. Para cada empleo metafórico hay que determinar los elementos de significación mantenidos en el momento del proceso de selección sémica, designando a cada uno por el sustantivo abstracto que designe de forma más adecuada a cada uno de estos elementos. La enumeración de los semas así aislados permitiría ya dar una definición lingüística satisfactoria del lexema. Así, para «cabeza», se podría proceder de esta manera:

cabeza de alfiler
- extremidad
- redondez

cabeza de puente
- extremidad
- superioridad

cabeza de cartel
- extremidad
- anterioridad

en cabeza de la carrera
- anterioridad
- superioridad

La definición lingüística de «cabeza» estaría entonces constituida por la enumeración:
cabeza: extremidad, redondez, anterioridad, superioridad.
Pero puede afinarse la descripción señalando que, en los usos examinados, los elementos de significación son reagrupados de tal manera que se establece entre ellos una

131

relación jerárquica, de la que puede darse cuenta por medio de un esquema del siguiente tipo:

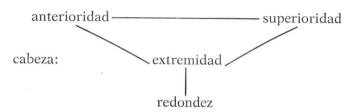

Es, además, totalmente posible que el instrumento lógico apropiado a un análisis más profundo de la organización sémica del lexema sea la teoría de los grafos.

Los resultados que hemos obtenido en la exploración del proceso metafórico permiten pensar que se obtendría un gran provecho haciendo intervenir en el análisis sémico la distinción establecida por Greimas entre semas nucleares y clasemas, siendo revelados los semas nucleares por el análisis comparado de las diversas metáforas que utilizan el mismo sustantivo, mientras que los clasemas serían puestos de manifiesto por los empleos metafóricos de adjetivos y verbos [87]. Un análisis de los clasemas, cuya función primordial es la de determinar la compatibilidad de combinación sobre el eje sintagmático, debería asociar los resultados obtenidos por el estudio de las metáforas de verbos o de adjetivos con los que se obtuviesen empleando el método de semántica combinatoria establecido por Katz y Fodor.

En fin, para ser satisfactorio, un análisis de este tipo debería tener en cuenta las consideraciones diacrónicas. La constitución sémica de un lexema varía en el curso de su historia; la lexicalización completa de una metáfora puede dar origen a una nueva organización sémica. Alguna metáfora lexicalizada que no se consiga perfilar mediante el análisis sémico en sincronía, encontrará su explicación en una combinación de semas antigua y abandonada. Las relaciones referenciales ejercen su influencia en la evolución del lenguaje; tan necesario será, pues, tenerlas en cuenta

---

[87] Si los corpus suministrados por los grandes diccionarios sólo permiten llegar a realizar análisis parciales, podemos pensar que el avance del *Trésor de la langue française* proporcionará un instrumento suficiente para hacer un análisis completo de los lexemas de gran valencia léxica y de gran frecuencia de uso.

en el estudio histórico como indispensable excluirlas del análisis sémico en sincronía.

Este último capítulo, que no pretende resolver los problemas planteados por el análisis sémico, tiene por objeto abrir nuevas perspectivas en la investigación semántica. Si la utilización de nuestra teoría de la metáfora se revelase fecunda en esta dirección, podría esperarse una renovación de la lexicología, que entonces dispondría de los medios necesarios para establecer una descripción limitada únicamente al campo de la lingüística. Semejante limitación de su campo le permitiría ajustarse a una descripción más satisfactoria del lenguaje, en la medida en que terminase con la invasión de su terreno por las realidades extralingüísticas.

NOTAS BIBLIOGRÁFICAS

No pretendemos en absoluto proporcionar aquí una información bibliográfica completa. Más que ahogar al lector bajo una masa de títulos, a menudo inaccesibles y a veces inútiles, nos ha parecido preferible hacer una selección muy limitada y escoger solamente los libros o artículos cuya consulta es indudablemente útil para el conocimiento de los aspectos lingüísticos y estilísticos de la metáfora y de la metonimia, o para una compresión más precisa de la historia de estos conceptos.

Para obtener una información más completa puede consultarse a Warren Shibles: *Métaphore: bibliographie et histoire annotées,* Whithewater, The Language Press, 1971.

Fuentes antiguas

ARISTÓTELES, *Poética.*

XXI: Definiciones de la metáfora y de la relación de analogía. [Cfr. versión esp. cit.]

— *Retórica.*

El libro III ofrece numerosas observaciones sobre el empleo de la metáfora. Véase en particular:
III, II: La metáfora tiene un aspeco extraño; permite expresar un juicio de valor.
III, IV: Equiparación (excesiva a mi juicio) entre la metáfora y la similitud. [Versión esp. de A. Tovar: *Aristóteles. Retórica,* Madrid, Instituto de Estudios Políticos, 1971, págs. 180 y ss. *N. del T.*]

CICERÓN, *Sobre el orador,* libro III. [Cfr. versión esp. cit.]
Los efectos de la metáfora, de la metonimia y de la sinécdoque.
QUINTILIANO, *Instituciones oratorias,* libro VIII, cap. VI. [Cfr. versión española citada.]
La metáfora. [Págs. 378-381.]

135

La sinécdoque. [Págs. 381-382.]
La metonimia. [Págs. 382-383.]

Manuales clásicos

COLONIA, Dominique de, *De arte rhetorica libri quinque,* Lyon, 1704.

Este manual escolar, en latín, da una idea justa de la manera en que se enseñaba la retórica en los colegios de jesuitas a principios del siglo XVIII. Es una excelente presentación pedagógica de los elementos proporcionados por las fuentes antiguas y, además, contiene cierto número de precisiones interesantes.

DUMARSAIS, *Traité des tropes,* París, 1730.

Este tratado, considerado una autoridad en la materia por lo menos hasta Fontanier, es más bien la obra de un gramático que la de un retórico. Aunque no se descuida la utilización retórica de los tropos, es evidente que DuMarsais se interesa mucho más por el papel que éstos juegan en la constitución del vocabulario. Este libro es particularmente recomendable por la calidad de su examen lingüístico, de un modernismo singular, y por una seguridad intuitiva que multiplica las observaciones esclarecedoras, sobre todo en la primera parte, que trata de los tropos en general y ofrece una teoría interesante y coherente.

El estudio particular de cada uno de los tropos se encuentra en la segunda parte. La extensión del capítulo sobre la catacresis muestra que DuMarsais se ocupa principalmente de las figuras que ya habían alcanzado un cierto grado de lexicalización; también es cierto que el gusto literario del siglo XVIII se inclinaba más hacia las expresiones consagradas por el uso que a la creación de figuras originales. Los capítulos de la metonimia y de la sinécdoque consisten básicamente en un catálogo de las distintas relaciones posibles entre el término figurado y el término propio al que aquel sustituiría. El estudio particular de la metáfora es más bien un examen de algunas metáforas corrientes que un análisis de la creación metafórica. [Cfr. versión española citada.]

CREVIER, *Réthorique française,* París, 1755, 2 vols.

Aquí la orientación es netamente retórica. Más tradicionalista que DuMarsais, Crevier no posee ni sus cualidades ni su fama, pero en su obra se encuentran pertinentes observaciones. Aunque el estudio de los tropos sólo ocupa una parte de la obra, es desde luego el mejor complemento que se hizo en el siglo XVIII de la de DuMarsais.

FONTANIER, Pierre, *Les Figures du discours*, Flammarion, «Science de l'homme», París, 1968.

Afortunadamente han sido reeditadas, agrupadas bajo este título, las dos obras principales de Fontanier. Solamente la primera: *Manuel classique pour l'étude des tropes ou éléments de la science du sens des mots* (publicada en 1821), concierne directamente a nuestro estudio. Este manual, destinado a la enseñanza secundaria, recoge prácticamente todo el legado de la retórica tradicional. Pero, lejos de ser una simple recopilación, se esfuerza por construir un sistema coherente en el que los diferentes planos son estudiados cuidadosamente. Deja ya de estudiar las figuras alternativamente en una enumeración extensible indefinidamente, para insistir más en las relaciones que las articulan entre sí. Así, la catacresis y la silepsis son consideradas como catacresis de metonimia o de metáfora y como silepsis de metonimia o de metáfora. El intento de sistematización no impide el ejercicio de una fina intuición y de un espíritu crítico constantemente alerta. Fontanier no se priva de utilizarlos, a veces incluso contra su propio sistema. Mi propia crítica de la categoría de la sinécdoque tiene su base en la obra de Fontanier, aunque esta categoría constituya uno de los fundamentos de su sistema.

Trabajos recientes

RICHARDS, I. A., *The Philosophy of Rhetoric*, Nueva York, Oxford University Press, 1936.

El último tercio del libro está consagrado al estudio de la metáfora. El autor hace algunas distinciones importantes; opone *tenor* (la referencia) a *vehicle* (la imagen asociada) y pone en guardia contra la tendencia a confundir las relaciones que unen estos dos elementos con la relación existente entre la metáfora (*tenor* más *vehicle* y su significado. Consideraciones interesantes y sugestivas a partir de los retóricos ingleses del siglo XVIII. El libro de Richards constituye una etapa importante en el estudio contemporáneo de la metáfora.

KONRAD, Hedwig, *Étude sur la métaphore*, 2.ª ed., París, Vrin, 1958.

Durante más de veinte años, este libro, publicado por primera vez antes de la segunda guerra mundial, ha sido considerado justamente como el mejor realizado sobre el tema. Interesante intento de construcción de una teoría lógicolingüística de la metáfora, está lleno de consideraciones justas y penetrantes. Los límites del modelo propuesto quedan, sin embargo, de manifiesto por la endeblez de la parte estilística, que trata de las metáforas estéticas. Para ultimar la elaboración de una teoría fecunda, sólo le ha faltado al autor distinguir entre diacronía y sincronía y entre denotación y connotación.

ADANK, Hans, *Essai sur les fondements psychologiques et linguistiques de la métaphore affective*, Ginebra, 1939.

Esta tesis, importante y desgraciadamente poco conocida, ha establecido claramente la distinción entre la metáfora explicativa, basada en una similitud de hecho, que explica objetivamente, y la metáfora afectiva, basada en una similitud de valor, que califica subjetivamente. Incluso si este libro casi no aporta hoy día informaciones muy importantes sobre el aspecto puramente lingüístico de la metáfora, no conviene olvidar su riqueza en informaciones psicológicas («La metáfora nace de una visión interna que abarca en un instante las similitudes entre dos objetos o dos actos», pág. 70) y estilísticas («El logro estilístico más feliz se consigue cuando un escritor llega a reunir en una misma expresión metafórica una analogía de valor y una analogía de hecho», página 119).

BROOKE-ROSE, Christine, *A Grammar of Metaphor*, Londres, Seckeer and Warburg, 1958.

Estudio sistemático, y a menudo esclarecedor, de los procedimientos gramaticales puestos en práctica por el mecanismo metafórico. Un estudio análogo sobre la base del francés sería útil en extremo, aunque gran número de consideraciones puedan ser directamente transferibles. Por ejemplo, el autor muestra muy claramente que las metáforas introducidas por el vínculo genitivo están emparentadas con las metáforas del verbo y del adjetivo.

JAKOBSON, Roman, *Essais de linguistique générale*, París, Editions de Minuit, 1963.

Este libro recoge en su traducción francesa algunos de los trabajos esenciales de la lingüística contemporánea. Dos capítulos se refieren directamente a nuestro tema. El último capítulo: «Lingüística y poética», empieza por el enunciado de la teoría de las funciones del lenguaje a la que es imposible dejar de referirse. Pero el segundo capítulo es el más importante para el estudio de la metáfora y de la metonimia: «Dos aspectos del lenguaje y dos tipos de afasia.» No sería exagerado afirmar que el presente libro no es más que una prolongación de este trabajo. A pesar de que Jakobson no dé siempre a sus teorías una formulación tan explícita como fuera deseable, es aquí donde se encuentran los fundamentos necesarios a todo estudio sobre la metáfora y la metonimia. [Cfr. versión esp. cit.]

JAMES, D. G., «Metaphor and symbol», en *Metaphor and Symbol*, Londres, Colston Research Society, 1960, págs. 95-103.

Entre otras juiciosas consideraciones, este artículo muestra que la metáfora no aporta nada a la función referencial. Consideraciones interesantes sobre el símbolo en la poesía y en la religión: la diferencia entre la poesía y la religión estriba en que la poesía no afirma nada, mientras que la religión afirma la verdad de los símbolos que utiliza.

ULLMANN, Stephen, «L'image littéraire. Quelques questions de méthode» en *Langue et littérature*, Actas del VIII Congreso de la Federación Internacional de Lenguas y Literaturas Modernas, París, Belles-Lettres, 1961, págs. 41-59.

Algunas buenas indicaciones para el estudio de la estilística, incluso aunque Ullmann no dé siempre suficiente importancia a la distinción entre los distintos procesos lingüísticos de presentación de la imagen.

ANTOINE, Gérald, «Pour une méthode d'analyse stylistique des images», *ibíd.*, págs. 151-162.

Artículo fundamental para una aproximación a la estilística que se salga de los caminos trillados. Numerosas sugerencias, siempre interesantes, a menudo fecundas, que los límites impuestos a una comunicación han impedido hacer tan explícitas como hubiera sido deseable.

BOUVEROT, Danièle, «Comparaison et métaphore» en *Le Français Moderne*, 1969, págs. 132-147 y 224-238.

Es, sin duda, el mejor estudio de la comparación, aunque no figure suficientemente en él la oposición fundamental entre metáfora y comparación.

Riffaterre, Michael, *Essais de stylistique structurale*, París, Flammarion, 1971.

Numerosas observaciones interesantes para nuestro tema. Sobre todo, la caracterización del hecho estilístico por la noción de imprevisibilidad, que se aplica de manera privilegiada a los tropos, y el excelente estudio sobre la función estilística del cliché.

Caminade, Pierre, *Image et métaphore*, París, Bordas, 1970.

Estudio crítico de algunas teorías recientes, más desde el punto de vista del crítico de poesía que del lingüista. El autor reconoce que no ha leído a Adank; ni siquiera menciona los nombres de Konrad y de Brooke-Rose. Buenos estudios sobre las ideas de Reverdy, Breton, Garelli, Belaval y Ricardou. El principal mérito del libro es la importancia que concede a la teoría que Jean Cohen expone en su *Structure du langage poétique*.

Henry, Albert, *Métonymie et métaphore*, Klincksieck, París, 1971.

Profundo estudio de los dos mecanismos, sustentado por un conocimiento preciso de la bibliografía de la cuestión. Numerosos análisis, finos y justos. Los capítulos sobre el estatuto estilístico de las dos categorías de figuras están llenos de observaciones muy provechosas. Los fundamentos lingüísticos son más discutibles: no se utilizan las distinciones esenciales entre sentido y referencia y entre connotación y denotación; se descuida un poco la importancia de los trabajos de Jakobson y, finalmente, la noción de sema, de la que el autor se sirve sobre todo para explicar la metonimia, se aplica menos a la realidad lingüística de la palabra que a la realidad extralingüística del objeto nombrado. Aunque es discutible la descripción de los mecanismos semánticos, este libro ofrece uno de los mejores análisis de los aspectos psicolingüísticos de la metonimia y de la metáfora.

Ruwet, Nicolas, «Sinecdoques et métonymies», *Poetique*, núm. 23, septiembre, 1975, págs. 371-388.

En este artículo reciente, el autor destaca la importancia de la metáfora y la necesidad de integrar en su estudio fenómenos considerados hasta ahora como metonímicos. Entre las ideas básicas del trabajo figuran el punto de vista, como factor explicativo de la sinécdoque de la parte por el todo y la precisión de que metonimia y sinécdoque pertenecen a las categorías del sentido común, propias del pensamiento precientífico. [*N. del T.*]

140

TATO, Juan Luis, *Semántica de la metáfora*, «Instituto de Estudios Alicantinos», 1975.

Dentro de la infrecuente bibliografía española sobre el tema, este libro es un estudio introductorio al proceso metafórico del lenguaje desde las perspectivas de la Retórica tradicional, la Gramática Generativa y la Pragmática. [*N. del T.*]

ÍNDICE DE NOMBRES

143

ÍNDICE DE MATERIAS

Índice